Hugo Schramm-Macdonald

Ein Pereat den Duellen:

Zugleich ein Beitrag zur Geschichte des Duells

Hugo Schramm-Macdonald

Ein Pereat den Duellen:
Zugleich ein Beitrag zur Geschichte des Duells

ISBN/EAN: 9783743654747

Hergestellt in Europa, USA, Kanada, Australien, Japan

Cover: Foto ©Andreas Hilbeck / pixelio.de

Weitere Bücher finden Sie auf **www.hansebooks.com**

Ein Pereat den Duellen.

Ein

Pereat den Duellen!

Zugleich ein Beitrag

zur

Geschichte des Duells.

Von

Dr. Hugo Schramm.

Leipzig

Ludwig Denicke.

1869.

Dem

unerschrockenen, charakterfesten Kämpfer für Freiheit,
Wahrheit und Recht,

Herrn Prof. Dr. med.

Rudolf Virchow,
Mitglied des preußischen Abgeordnetenhauses,

mit hochachtungsvollster Verehrung

zugeeignet.

Das Gesetz soll sein unser Herr,
Soll uns richten, sonst keiner mehr!
Des Gesetzes Diener wollen wir sein,
Damit wir bleiben frei und rein.
Niemand soll thun, was ihm gefällt,
Sondern, was ihm's Gesetz vorstellt.

Unsere Freiheit heißt Herrschaft des Gesetzes,
damit ein würdiger Kampf sei für die Beschützung
und Erhaltung des Gesetzes, damit alle durch die
Theilnahme an dem öffentlichen Leben das Gesetz
kennen und anerkennen, damit die Geister dadurch
lebendig und frisch erhalten und gereizt werden zu
jeder edlen Kühnheit und zu jedem schweren und
unsterblichen Werke!

E. M. Arndt.

Eine förmliche Duellwuth noch in unsern Tagen?!

Man müßte sie für unmöglich halten, hätten nicht die Chronik-
schreiber fast noch allwöchentlich einen oder mehrere eclatante Fälle
des faustrechtlichen Ueberbleibsels — Duell genannt — zu ver-
zeichnen. So war von mir heute, wo ich diese Zeilen begonnen, die
wiener „Neue Freie Presse" vom 10. Februar kaum in die Hand
genommen worden, als mir auch eine Correspondenz aus München
in die Augen fiel, worin von einem in dem hart neben dem Lust-
schlosse Nymphenburg gelegenen „Capuzinerhölzel" jüngst stattge-
fundenen blutigen Zweikampfe zwischen einem Grafen A. B. und
einem Barone K. berichtet wurde.*)

Angesichts jener tief beklagenswerthen Thatsache ist es die
Pflicht der gesammten Presse, ist es die Pflicht aller Einsichtsvollen,
immer wieder laut und energisch darauf zu dringen, daß sich endlich
die civilisirte menschliche Gesellschaft zur Emancipation von einem
gemeinschädlichen Uebel aufraffe, das wir, wie gesagt, lediglich als
einen schreienden Anachronismus, als die Folge eines Wahns, eines
der gesunden Vernunft hohnsprechenden, ihren freien Gebrauch auf-
hebenden Vorurtheils über Ehre und Muth anzusehen haben,
vererbt aus einer Zeit, wo noch rohe Gewalt allein herrschte, weil
der Staat selbst noch eine rohe Mischung von Ordnung und Unord-
nung, Sitte und Unsitte, Recht und Unrecht war. Seitdem wir
uns aber aus dem Naturzustande und den lockeren Staatsconstruc-

---

*) Während der Drucklegung meines „Pereat" haben ferner Duelle in Wien
stattgefunden, und hat sich (am 27. Febr.) auf belgischem Boden ein französi-
scher (!) Major, Graf Malartie, gegen einen hannoverschen Obersten für den
Grafen Bismarck geschlagen.

Schramm, Duell.   1

tionen des Mittelalters zu einem verdichteten, solidarisch zusammen-
gefaßten Staatswesen emporgearbeitet haben, worin auch die Verletzungen der Privatehre als mittelbare Verletzungen der Gesammt-
ehre strafrechtlich verfolgt werden, ist jedwede eigenmächtige Rache
der Ehre ein gewaltthätiger Verstoß gegen die öffentliche Ordnung,
und jede Faust — diejenige in der Tasche ausgenommen — eine
Faust auf dem Auge des Staates.

Der Staat von Heute hat die Rechtsordnung übernommen und
kann keine Ausnahme gelten lassen, indem sich eine Partei zugleich
zum Richter aufwirft und zum Nachrichter obendrein. Als das
Schlimmste indessen, weil das Komische bei der Sache, erscheint bei
der duellistischen Selbsthülfe, daß sie überhaupt nicht einmal eine
Hülfe ist! Der Zweikampf zur Genugthuung einer Partei ist daher
etwas Tragikomisches — er kann wohl zu einem Unfall, sicher
aber nicht zu einem Beweise führen: „Du schlägst den Gegner
todt, nicht seine Meinung!" Meiner „angetasteten" Ehre
vermag nur der Beweis Satisfaction zu geben, daß sie eben gerade
unantastbar ist. Ein berühmter Mathematiker in Cambridge
hörte, daß sich einer seiner Schüler schießen wolle, und ließ den
jungen Mann zu sich kommen. „Weshalb wollen sie sich duelliren?"
fragte der Professor. „Weil er gesagt hat, daß ich gelogen habe",
antwortete der Student. „Sehr schön, dann lassen Sie ihn es
beweisen. Beweist er es, dann haben Sie gelogen, beweist er es
nicht, dann lügt er. Weshalb wollen sie einander todtschießen?
Lassen Sie ihn es beweisen. Quod erat demonstrandum." Das
war nicht nur mit köstlichem Humor, das war mit schlagender Logik
gesprochen!

Die wahre Ehre eines Menschen beruht ja, wie Arthur
Schopenhauer, der „einsame frankfurter Philosoph", in seinem
kritischen Excurse: „Von dem, was Einer vorstellt", so wahr gesagt
hat, lediglich auf seinem eigenen Thun und Lassen, nicht aber auf
dem, was Andere von ihm denken, oder auch nur zu denken vor-

geben, indem sie schimpfen. Auf Letzterem, auf dem, was ein Mensch leidet, was ihm widerfährt, beruht blos die Afterehre, der zuliebe der Codex der sogenannten ritterlichen Ehre geschaffen worden ist. Diese allerdings liegt in der Hand, ja hängt an der Zungenspitze eines Jeden, und kann, wenn dieser zugreift, jeden Augenblick auf immer verloren gehen, falls nicht der Betroffene durch den bekannten Herstellungsproceß, in welchem Kugel, Stoß oder Hieb eine so verhängnißvolle Rolle spielen, sie wieder an sich reißt.

Demzufolge mag das Thun und Lassen eines Mannes so rechtschaffen und edel, wie nur immer möglich, sein Gemüth das reinste und sein Kopf der eminenteste sein: dies Alles ist doch nicht im Stande zu verhindern, daß ihm seine „Ehre" verloren geht, sobald es irgend Einem beliebt, ihn zu schimpfen oder ihm überhaupt durch etwas „zu nahe" zu treten, und wäre dieser irgend Eine auch ein Tagedieb, ein Spieler, ein Schuldenmacher, kurz ein Taugenichts, der nicht werth ist, dem Andern nur die Schuhriemen zu lösen, und der zwar nicht die Ehrengesetze, wohl aber die wahre Ehre selbst unzählige Mal verletzt hat! So sagte u. a. in dem Ende Juni 1868 vor dem Schwurgerichte zu München geführten Criminalprocesse gegen den Grafen Gustav Chorinsky der Zeuge Graf Wilczek aus, der Angeklagte sei bei seinen Kameraden wegen seiner strengen Begriffe von militärischer Ehre beliebt gewesen! Und was für eine Ausgeburt menschlicher Verworfenheit war dieser Graf Chorinsky!!

Es kann aber zu dem Obigen keine bessere und zugleich die Gesetze der ritterlichen Ehre treffender kritisirende Illustration geben, als die folgende:

Der Ende 1866 verstorbene preußische General von Pfuel wohnte im Jahre 1848 als damaliger Ministerpräsident den Verhandlungen der Commission der Nationalversammlung bei, welche über die, auch von ihm selbst befürwortete Abschaffung des Adels berieth. Die betreffenden Debatten dauerten sehr lange und der

alte Herr wurde davon so ermüdet, daß er einschlief. Als er dann
wieder erwachte und zu seinem Erstaunen hörte, daß die Debatten
noch immer fortdauerten, rief er aus:
„Ist denn der Adel noch nicht todt?"...
Einige Tage später trat auf der Straße ein Fähnrich an ihn
heran und fragte: „„Sind Sie der General von Pfuel?""
„Aufzuwarten."
„„Dann muß ich Ihnen sagen, daß sie ein ganz gemeiner Kerl
sind!""
Was that nun der so schwer „Beleidigte"? Nichts Anderes, als
daß er höflich grüßend entgegnete:
„Wirklich? das hab' ich noch gar nicht gewußt. Ich danke
Ihnen."
Damit ließ er den ebenso albernen wie unverschämten jungen
Menschen verblüfft stehen. Freilich war der General Pfuel weiter
nichts, als ein — ehrlicher Mann, und das ist bekanntlich, wie
Lessing das Kammerkätzchen Minna von Barnhelm's zu dem
Diener des Majors Tellheim sagen läßt, verwünscht wenig. Des-
halb trägt ja auch blos das preußische Volk den Namen Pfuel's
in seinem Herzen ...
Möge hier noch eine gleichfalls auf Beseitigung des Duells
abzielende Stelle aus einem der 1831 von Heinr. Heine heraus-
gegebenen Briefe Kahldorf's an den dänischen Grafen M. von
Moltke über den Adel einen Platz finden, da sie im Großen und
Ganzen mit Wissenschaft, sittlicher Würde, wahrhaft männlicher
Gesinnung und beißender Ironie die von dem genannten Grafen in
der Schrift: „Ueber den Adel und dessen Verhältniß zum Bürger-
stande" (Hamburg, 1830) niedergelegten Ideen siegreich bekämpft
(vgl. den Artikel: „Keine Duelle mehr!" in der culturgeschichtlichen
Revue „Unsere Tage". Braunschweig, 1866, 7. Bd., S. 145):
„Es ist mir unangenehm, Herr Graf", — beginnt der achte
Brief — „daß ich mich in meinem letzten Schreiben zu einer gewissen

Heftigkeit habe hinreißen lassen, welche ich mir vornahm, recht sorg-
fältig zu vermeiden, als ich mich getrieben fühlte, Ihren Ansichten
über den Adel die meinigen gegenüberzustellen. Unaufhaltsam rollt
diese Zeit um und mit uns hinweg, und wahrlich, es ist eine Zeit,
wo man keinen Ehrenmann verletzen muß! Trennen Sie daher die
Sache von der Person, trennen Sie meinen Eifer für die Wahrheit
von dieser selbst."

„Ich weiß, es würden viele Andere besser gesprochen haben,
als ich; aber sie schwiegen, und dieses Schweigen beängstigte mich.
Ich mußte reden, so gut ich es verstand; denn «ganz schweigen,»
sagt Luther, «ist schlimmer, als nicht ganz gut reden, wenn's
Wahrheit gilt.» Nicht Sie selbst, Herr Graf, lediglich die Gründe,
welche Sie zur Unterstützung Ihrer Meinung anführen, sind der
Gegenstand meiner Heftigkeit, und somit fürchte ich nicht, Ihrem
bekannten ritterlichen Sinne eine Veranlassung gegeben zu haben,
mir noch einen anderen Fehdehandschuh, als jenen literarischen, hin-
zuwerfen."

„Gesetzt aber, Herr Graf, Sie fühlten sich doch gekränkt, beleidigt .... wie dann? Was würden Sie sagen, wenn ich Ihren
eisernen Handschuh liegen ließe, und keck behauptete, meine Ehre
leide darunter nicht? — Sie würden, wären Sie nicht von den
gemeinen Vorurtheilen Ihres Standes frei, mich, der ich Ihnen für
die angethane Ehrenkränkung ehrenhafte Genugthuung verweigerte,
nicht nur verachten, sondern auch Ihre Verachtung durch jedes
Mittel zu erkennen geben, womit der Kühne und der Muthige dem
Feigen und Knechtischgesinnten seine Ueberlegenheit fühlbar macht.
Mit einem Worte: Sie würden mich mißhandeln."

„Gemach! Brechen Sie den ewigen Landfrieden nicht! Haben
nicht Ihre Vorfahren alle diese Urfehde beschwören müssen? Ich
halte dafür, daß die Enkel nicht nur die Rechte ihrer Väter behaup-
ten, sondern auch ihre Pflichten erfüllen und deren Schwüre heilig
halten müssen. Hat man ihnen nicht das Gesetz gegeben, als man

ihnen das Schwert nahm? (Die „gerichtlichen Zweikämpfe", in
renen zuletzt die „Erlen" sich ausschließlich die Rechte der Freien
anmaßten und jeden Schimpf durch Kampf mit dem Beleidiger rein
zu waschen glaubten, wurden meist schon von dem römischen und
canonischen Rechte begraben. In Deutschland soll der letzte 1650
in Franken vorgekommen sein. Doch hat noch 1804 ein Freiherr
v. Linsingen den Reichstag, den Kurfürsten von Hessen anzu-
halten, seine ungegründeten Prätensionen auf Insberg coram ju-
dicio dei mit der Spitze des Degens auf den Tod wider ihn ver-
fechten zu lassen!) Und sollten die Enkel nicht die Wohltat dieses
Schutzes fühlen, da Sie ja selbst das gemeine Vorurtheil für den
Besitz singulärer Rechte gestimmt und einen vulgären Rechtsirrthum
schon für eine sichere Vormauer ihrer Standesvorrechte halten?"

„Ich bin mit mir zu Rathe gegangen, wie ich mich in dieser
Verlegenheit benehmen solle. Allein, Herr Graf, ich gestehe Ihnen
offenherzig, diese Berathung mit mir selbst hat mich in eine neue
Verlegenheit gestürzt. Mein fester Grundsatz ist es, mich nie hinter
ein Vorurtheil zu verbergen. Ich bin entschlossen, jedem Vorurtheile
Trotz zu bieten, wo ich es auch treffe, und höchstens zu schonen, so
lange es unschädlich ist. Nun sagte ich mir deutlich, es sei ein Vorurtheil, die Ehre auf die Spitze des Schwertes zu stellen, da das
Gesetz die Ehre schütze. Ich verachte alle Autonomie, so lange Gerechtigkeit im Lande ist. Kein Degen, keine Kugel kann mich zwin-
gen, dem Ehre zu erweisen, der sie nicht verdient, und nur die
humane Vernunft verbietet mir, sie dem zu entziehen, der sich selbst
ihrer nicht begiebt."

„Und dennoch, Herr Graf, kann ich mich hier mit der Gesetz-
gebung nicht recht abfinden, welche lediglich Injurien zum Gegen-
stande ihrer zarten Vorsorge macht, welche sich auf Worte oder
Thaten oder Zeichen zurückbringen lassen. Ich durchlaufe meinen
Brief an Sie — ich überlese Ihre Schrift — ich habe ein unheim-
liches Gefühl, Ihnen zu nahe getreten zu sein — und doch, wenn

ich's sagen sollte, wo Sie mich durch das Gesetz für diesen Frevel belangen sollten, ich wüßte es nicht anzugeben."

„Mich dünkt, Sie haben in Ihrer Schrift eine wesentliche Sitte, welche wir dem kriegerischen Principe der gesellschaftlichen Verhältnisse verdanken, worin unsere Voreltern lebten, völlig und mit Unrecht übergangen. Wäre der Adel nicht gewesen, hätte das Rittertum nicht geblüht: wir würden von dieser Sitte nichts mehr wissen, und jenes kriegerische Princip, welches die Ehre des Freien seinem eigenen Schutze anvertraut, würde die conventionellen Formen unseres gesellschaftlichen Lebens nicht haben erträglich machen, mildern und ausgleichen können."

„Es unterliegt wohl keinem Zweifel, daß dieser Ueberrest des Faustrechtes zugleich auch die erste Grundfeste germanischen Gesellschaftslebens war. Die vollständige Anerkennung der Ehre des freien Mannes war die unerläßliche Bedingung aller socialen Beziehung der Freien zu einander, und Kraft dieser hohen Bedeutung der Ehre hat sich dieselbe Bedingung erhalten bis auf diesen Tag, trotz Landfriedens, trotz legislativer Stümpereien, trotz der gewiß übertriebenen Behauptung, daß die Ehre groß und umfassend genug sei, welche der Freie vom Gesetz erhalten kann."

„Somit kann Ihnen denn meine Verlegenheit nicht entgehen. Ich muß bekennen, daß ich die Ehre von dem Gesetze nicht in dem Maße geschützt finde, wie ich als Sohn Germaniens sie mir zu denken von Jugend auf gewöhnt bin, und es bleibt mir nichts übrig, als da eine sittliche Grenze der Macht der Staatsgesetzgebung anzunehmen, wo die höhere Autonomie der Ehre ihren Anfang nimmt. Diese Autonomie ist so zart, sie ist so inwendig in die Brust des gebildetfühlenden Mannes begründet, daß schwerlich ein allgemeines Gesetz sie jemals ganz beseitigen wird. Nur das Recht, Schieds- und Ehrenrichter zu wählen in Fällen, die gleich dem unsrigen, Herr Graf, eine höchst private, aber doch durch eine öffentliche Autorität gesicherte Ausgleichung verlangen könnten, würte uns als billigen unc gebilceten Männern genügen können; sonst aber nichts als Waffen. Allein — haben wir ein solches Recht? Würce man uns nicht wegen Winkelgerichtsbarkeit unc Ber-lust von Sporteln unc Stempeln in Anspruch nehmen? Sinc nicht unsere «ortentlichen Richter auch einst jung gewesen», wie Dr. (H. E. G.) Paulus 'in seiner Schrift: „Wiber tie Duellvereine auf Universitäten unc für Wiecerherstellung ter akacemischen Frei-heit." Heltelberg, 1828) sagt, unc wissen sie caher nicht, über zarte Ehrensachen uns gehörig in's Klare zu setzen? — Ja wohl! sie sinc jung gewesen, unc sinc froh, caß sie so alt sinc, um ten Placke-reien ter Ehre wegen überhoben zu sein! Wahrlich, Herr Graf, ich cächte, wir vertrügen uns um unsern Streit . . ."

So viel aus cem betreffencen Briefe; es genügt für ten vor-liegencen Zweck.

Daß übrigens auch ter seltsame, barbarische unb lächerliche Corex ter ritterlichen Ehre nicht aus cem Wesen ber menschlichen Natur hervorgegangen ist unc nur ten Contrast zwischen anspruchs-vollem Ursprung (einer achtungswerthen Mannhaftigkeit) unc ton-quixotisch entstellter Erscheinung zeigt, lehrt schon ein flüchtiger Blick in tie Geschichte.

Weber tas Herrenvolk ter Griechen unb Römer, noch tie Egypter, Araber, Perser, Incier unc alle hochgebilceten Völker Asiens unc Afrikas wußten irgenc etwas von jener Ehre unb teren Morbraptus, tem Duelle.

Als einst ein Teutonenhäuptling ten Marius zum Zweikampf herausgeforcert hatte, ließ ter Römer tem Teutonen sagen: wenn er seines Lebens überdrüssig wäre, so möge er sich an ben ersten besten Baum aufhängen.

Als Sokrates von einem Flegel gestoßen wurde — heutzu-tage würten wir sagen „touchirt" — unb seine Schüler ihn fragten, ob er tas „auf sich sitzen lassen" wolle, antwortete tieser größte Weise tes Alterthums, ter es nachmals verschmähte, tem gewissen

Tode durch die von seinen Freunden vorbereitete Flucht zu entgehen, und mit größter Seelenruhe den Giftbecher leerte: „Wenn mich ein Esel gestoßen hätte, sollte ich mit einem Esel anbinden?!"

Im Plutarch endlich lesen wir, daß der Flottenbefehlshaber Euribiades gegen Themistokles im Wortwechsel den Stock aufgehoben habe, nicht jedoch, daß dieser darauf das Schwert gezogen, sondern vielmehr, daß er gesagt habe: „Schlage mich, aber höre mich!" Mit welchem Unwillen und Entsetzen muß doch der Leser „von Ehre" eine dieser Mittheilung leider nicht beigefügte Notiz vermissen, nach welcher das atheniensische Officiercorps sofort erklärt habe, unter solch' einem Themistokles nicht weiter dienen zu können und zu wollen! Wurden ja bekanntlich im Jahre des Heils 1864 mehrere, der katholischen Confession angehörende preußische Officiere, die Grafen Kerßenbrock, die auf Grund der Gebote ihrer Kirche*) in Zukunft jedes Duell wie jede Hilfe bei einer solchen „Schlägerei mit Anstand" — welch' logische Mesalliance! — zu ver

---

*) Schon der Bischof Agobert von Lyon (geb. 779) suchte in zwei an den Kaiser Ludwig gerichteten Schriften gegen das Gesetzbuch des Königs Gundebald von Burgund, welches unter dem Namen Les gombettes oder La loi gombette Jahrhunderte lang galt, der Ueberhandnahme der Zweikämpfe entgegenzuwirken. Ebenso bekämpften die Synode in Valence (855) und die Päpste Nicolas I. und Stephan IV. neben dem ganzen Ordalwesen die Duelle. Damals bereits wurde ein im Duell Umgekommener gleich einem Selbstmörder von der Erwähnung bei dem Meßopfer ausgeschlossen, auch sollte sein Leichnam nicht mit kirchlichen Ehren bestattet werden. Zwar sanctionirte dagegen die Kirchenversammlung in Ravenna (967) den Zweikampf statt des Eides und zur Vermeidung des Meineides als Beweismittel, allein Papst Cölestin III. widersetzte sich gegen das Ende des 12. Jahrhunderts von Neuem der gesammten sogenannten Purgatio vulgaris (den Ordalien und insbesondere dem gerichtlichen Zweikampfe) im Gegensatze von der Purgatio canonica (dem Reinigungseide). Nachdem dann noch einmal vom Papste Johann XXII. (1316) die früheren Verordnungen gegen das Duell widerrufen worden waren, verboten dasselbe wiederholentlich die Päpste Julius II. (1509), Leo X. (1513), Clemens VII. (1523), Pius IV. (1559), Gregor XIII. (1572) und Clemens VIII. (1591); das Gleiche that das Concil in Trient. Und zwar war dabei das in der Lehre des Christenthums allgemein giltige Gesetz: „Du sollst nicht tödten!" maßgebend.

weigern sich entschlossen hatten, aus derselben Armee entlassen, deren großer König, F r i e d r i ch II., die Unsitte des Duells so gründlich verabscheute, daß er einmal den Plan faßte, sie vermöge eines Fürstencongresses abzustellen. Was nützen und bedeuten denn da alle Duellverbote, wenn der Zweikampf, wie sich aus jenem Factum ergiebt, beim Militär noch immer principiell g e boten ist?!

Nach der Ansicht S ch o p e n h a u e r ' s hätte man als den eigentlichen Grund, aus welchem sich die Regierungen scheinbar beeifern, das Duell zu unterdrücken, und, während dies ihnen offenbar sehr leicht werden müßte, sich stellen, als wolle es ihnen nur nicht gelingen, den Umstand anzunehmen, daß sich der Staat außer Stande sieht, die Dienste seiner Officiere mit Geld zum Vollen zu bezahlen.

Dies ist bei allen Armeen wenigstens in Betreff der S u b altern - Officiere vollständig begründet. So erschoß sich z. B. im Mai 1868 zu Wien ein österreichischer Lieutenant, weil sein „glänzendes Elend" schließlich so groß geworden war, daß er sonst förmlich v e r h ungert wäre! In der That wurde in dem bei der Secirung der Leiche aufgenommenen Obductionsprotocoll constatirt, daß er durch mindestens 48 Stunden o h n e a l l e Nahrung gewesen sein mußte. Er hatte am 1. Mai von seiner Gage nur 7 Gulden und einige Kreuzer erhalten, und selbst in diesen Betrag werden sich sein Diener, seine Wäscherin ꝛc. getheilt haben. Mag er nun auch an seiner Geldcalamität durch ein vielleicht beziehentlich allzu cavaliermäßiges Leben selbst einen großen Theil der Schuld getragen haben, so steht doch soviel fest, daß die Gage der Subaltern-Officiere nicht nur unverhältnißmäßig gering ist, sondern mit derselben auch noch sehr oft unverantwortlich gewirthschaftet wird, trotz der bestehenden strengen Anordnung, daß dem Officiere unter keinem Vorwande mehr als ein Drittel der Gage in Abzug gebracht werden dürfe. Aber da giebt es außer dem ohnehin sehr hohen Equipirungs-Rücklaß annoch Abzüge für die Musik, die Bibliothek, den Reserve- und Unterstützungsfond, hin und wieder für ein Album oder sonstiges „Ehrengeschenk" für einen der Herren Vorgesetzten, für eine Fahnenweihe, ein Officiers-Scheibenschießen u. dgl. mehr, summa summarum: der österreichische Subaltern-Officier bekommt häufig am Ersten eines Monats nicht mehr als einige Gulden, von denen er den ganzen Monat hindurch leben soll! ...

Aus dem obigen Grunde läßt der Staat die andere Hälfte der Officierslöhnung in der Ehre bestehen, welche durch Uniformen, Titel und Orden repräsentirt wird. Um nun diese ideale Vergütung ihrer Dienste in hohem Curse zu erhalten, muß das Ehrgefühl auf alle Weise genährt, geschärft, allenfalls auch etwas überspannt werden; da jedoch zu diesem Behufe die bürgerliche Ehre nicht ausreicht, schon weil man sie mit einem jeden theilt, so wird die ritterliche Ehre zu Hilfe gerufen und besagterweise aufrecht erhalten.

Während aber die bürgerliche Ehre — um auf den Kern der Sache noch näher einzugehen — in der Meinung besteht, daß wir vollkommnes Zutrauen verdienen, so besteht die ritterliche Ehre in der Meinung von uns, daß wir zu fürchten seien. Nun würde der Grundsatz, daß es wesentlicher sei, gefürchtet zu werden, als Zutrauen zu verdienen, weil ja auf die Gerechtigkeit der Menschen wenig zu bauen ist, gar nicht so falsch sein, wenn wir noch im Naturzustande lebten, wo ein jeder selbst sich schützen und seine Rechte persönlich vertheidigen mußte. Allein im Stande der Civilisation, wo, wie gesagt, der Staat Person und Eigenthum zu schützen übernommen hat, im modernen Rechtsstaate zumal, ist es wirklich ganz gleichgültig, ob Jemand fürchterlich sei oder nicht.

Demgemäß hat auch die ritterliche Ehre sich auf solche Beeinträchtigungen der Person geworfen, welche der Staat nur leicht oder wohl auch gar nicht bestraft, weil sie sich mehr oder weniger im Bereiche der Futilitäten bewegen, zu deutsch Kindereien sind.

Und in der That — meint Schopenhauer — sehen wir den ritterlichen Ehrencodex mit der meisten Begierde von Kindern ergriffen, nämlich von jenen großen Kindern, welche farbige Mützen,

Bänder nur „Bierzipfel" tragen, und dem Knabenalter noch zu nahe
stehen, um den Knabenspielen, deren wonnevollstes ja gerade im
Prügeln und Balgen besteht, mit einem Male Valet sagen zu können.
Sunt pueri pueri, pueri puerilia tractant. Dessenohngeachtet
erscheint es seltsam, daß der Student, dieses Doppelwesen zwischen
Knabe und Mann, darein mehr Ehrgeiz setzen soll, durch seine Lust
zu Schlägereien in die Kindersphäre zurückzuschreiten, anstatt in die
Mannessphäre vorzuschreiten. Oder ist es nicht ein schmerzlicher,
grell schreiender Widerspruch, daß wir denselben Jüngling, der sich
z. B. als Hörer der Rechte auf das wichtigste Männeramt und
nach dem modernsten Stande der Wissenschaft vorbereitet, gleich
darauf einen blutigen Racheact vollziehen sehen, welcher ein bitterer
Hohn auf Alles ist, was er soeben noch aus dem Munde eines vielleicht in ganz Europa berühmten Rechtslehrers vernommen; einen
Racheact, dessen Gegenstand nicht selten gleichfalls der Kinderstube,
und dessen Form einer Criminalproceßordnung angehört, die vor
vierhundert Jahren gegolten hat?!

„Habt ihr darum, studierende Jünglinge Deutschlands, die
Weisheit Latiums und Griechenlands zur Pflegerin erhalten, um
zur Richtschnur eures Wandels einen Codex des Unverstandes und
der Brutalität zu machen, welchen ihr nicht von einem einzigen
eurer Classiker bestätigt, wohl aber von der ganzen Bildung des
Alterthums und von der ganzen Wissenschaft der Neuzeit, die euer
Stolz ist, unter die fratzenhaftesten Kinderspiele verwiesen seht?"

Was überhaupt, beiläufig erwähnt, den ganzen sogenannten
„Comment" anbetrifft, so wird derselbe in Friedrich Spiel-
hagen's „Problematische Naturen" für den abominabelsten
Unsinn erklärt, verderblich für die Gesundheit, viel verderblicher
aber noch für die Moral, denn er zwinge die jungen Gemüther, ihr
eigenes Denken und Fühlen heroisch dem Moloch eines barbarischen
Ehrbegriffes, der lächerlichsten Carricatur eines Codex der Moral,
der je erfunden worden, zu opfern, und gewöhne sie auf diese Weise

ſyſtematiſch an jenes blinde, katholiſche Gehorchen, welches als die
eigentliche Sünde gegen den heiligen Geiſt erſcheinen müſſe.

Es iſt dies ein ſtrenges, aber nur allzu wahres Urtheil, und
wer es unterſchreibt, braucht deshalb keineswegs ſo miſanthropiſch,
ſo philiſterhaft rigorös und rauhhäusleriſch zu ſein, um ein friſches,
meinetwegen auch beziehentlich etwas tolles Studentenleben im Allgemeinen zu verdammen. Wir Deutſche ſind nun einmal Roman-
tiker und im Grunde thun es die deutſchen Muſenſöhne nicht um der
Sache willen, wenn ſie ein Studentenleben eben nach deutſcher Art
führen; ſie träumen etwas ganz anderes zu thun. Die „Kanonen‟,
die durchſtochene Cerevismütze — man denke an den von Wilhelm
Hauff dem Loche in der Mütze gewidmeten begeiſterungsvollen Pan-
egyrikos! —, die „blanken Weihedegen‟, der laute Chorgeſang, der
„Fürſt von Thoren‟ — dies Alles verſetzt ſie in die Zeiten der Väter,
klingt ihnen wieder aus den Liedern unſerer Dichter und umhüllt ſie mit
einer ſeligen Täuſchung, aus der ſie auch nie wieder ganz erwachen.

Und wenn dies freilich wohl auch ſein Uebles haben und ſich
gerade aus dieſen „Kindereien‟, um Schopenhauer's Ausdruck
zu gebrauchen, ſo manches Jammervolle in der Geſchichte unſeres
Vaterlands erklären laſſen mag, ſo dürfte doch ein ernſter Moraliſt,
wenn er abwägen ſollte, welcher Fehler ſchlimmer ſei, ob der des
zügelloſen Eros bei den Franzoſen, oder der ſelbſt des oft maßloſen,
oder richtiger allzu maßvollen Gambrinus bei den Deutſchen eine
gar ſchwierige Aufgabe vor ſich haben. Bei der franzöſiſchen Na-
tion, die noch dazu weit duellſüchtiger als die deutſche, weil bei ihr
die Afterehre, um mit einem franzöſiſchen Staatsmanne zu reden,
das zweite Gewiſſen bildet (ſ. v. Gagern, „Reſultate der Sitten-
geſchichte‟ II., S. 189), iſt keine Romantik, kein kindiſcher Traum,
in Frankreich huldigt der Student einem raffinirten Schwelgen,
einer bacchantiſchen Luſt, wovon nur jene unſelige Täuſchung übrig
bleibt, die den Franzoſen treu durch's ganze Leben geleitet.

Allein ein ſchönes deutſches Studentenleben iſt auch ohne

14

„Comment", auch ohne „Mensuren", ohne „Paukereien" rentbar, ja
es kann nur gewinnen durch den Wegfall dieser sinnlosen Erbstücke
blos der Rohheit früherer Zeit. Die akademische Freiheit soll fortbestehen, sie ist ein unantastbares Eigenthum des deutschen Volkes,
aber sie sei durch Sitte geadelt, durch Würde gehoben, eine Frucht
edeln deutschen Geistes und eines auf die höchsten social-humani-
tären Ziele gerichteten Strebens! Auch ein Gotth. Ephr. Lessing war zu seiner Zeit ein „flotter Bursche" im guten Sinne des
Wortes, und wurde doch eben ein Lessing . . .

Ein vor Kurzem in England erschienenes zweibändiges Werk
von Andrew Steinmetz ist zwar „Die Romantik des Duel-
lirens" betitelt, von Romantik ist aber beim Duell, abgesehen davon,
daß beide Theile jedesmal ihr Leben auf's Spiel setzen *), doch wahrlich nichts zu spüren. Der Zweikampf hat seine sehr bestimmten
und sehr prosaischen Gesetze, die leider nicht vom natürlichen Rechts-
gefühle eingegeben sind. Wenn der gesinnungslose Abenteurer Emil
de Girardin, als er, lediglich um durch Scandal Aufsehen zu
erregen und seine Zeitung, „La Presse", zu heben, den heraus-

---

*) Selbst die gewöhnlichen deutschen Studentenduelle mit Schlägern oder
Säbeln, die heutzutage nach dem Verdrängen der reinen und gemischten Stoß-
waffe — die großen Stichblätter der Stoßschläger nannte man „Suppenteller
der Ehre" — die Herrschaft haben, sind nicht ohne Lebensgefahr, auch wenn sich
kein so unglücklicher Zufall, wie einmal in Leipzig, dazu gesellt, daß einem
Paukanten die Klinge springt und dem Gegner in die Brust fährt. Der in
Baiern vorgekommene Fall, daß im Duell mit einem Schläger ein Schädel
gespalten wurde, setzt freilich eine Körperstärke voraus, die glücklicher Weise eine
seltene Erscheinung ist. In demselben Baiern herrschte bis vor nicht langer Zeit
(und vielleicht noch heute?) die schändliche Gewohnheit, daß ein Verwundeter,
der für todt niedersank, nicht blos von den übrigen Studenten, sondern sogar
vom Arzte im Stiche gelassen wurde. Zu Ende der zwanziger Jahre geschah
dies einem Erlanger Studenten, der, weder todt noch lebensgefährlich verwundet, blos für den Augenblick bewußtlos war. Der Unglückliche kam wieder zu
sich und schleppte sich eine halbe Stunde weit zu einem Bache, um seinen glühen-
den Durst zu löschen. Zu spät fanden ihn Bauern, die Verblutung machte seine
Lage hoffnungslos, aber bis zu seinem letzten Athemzuge hielt er gegen seine
Eltern die Behauptung aufrecht, daß er Hand an sich selbst gelegt habe.

fordernden Angriff auf Armand Carrel, den hochgeachteten Redacteur des republicanischen „National", in seinem Blatte ge= macht hatte, durch welchen es bekanntlich am 22. Juli 1836 zu jenem für den letztgenannten so unglücklichen Duell kam — er erlag der tödtlichen Kugel seines Gegners im Gehölze von Vincennes —, zu Carrel sagte: „Ein Duell mit einem Manne wie Sie würde mir als ein Glücksfall erscheinen," so war dies eine blos den Speculan= ten charakterisirende Meinung. Der edle Carrel hatte eine andere, denn er entgegnete mit Recht: „Ein Duell erscheint mir nie als ein Glücksfall!" Kommen doch unter zehn Duellen neun vor, bei denen zwischen den Kämpfenden die größte Ungleichheit besteht. Selbst der nicht übergewissenhafte Alex. Dumas (père), der sich mit Gaillardet wegen der Urheberschaft des schändlichen Dra= mas: „Der Thurm von Nesles" schlug, die Jeder für sich in An= spruch nahm, konnte das Duell in dieser Beziehung nicht vertheidi= gen. Er wurde als Zeuge in jenem Zweikampfe zwischen Dujarier und Beauvallon, einem der besten Pistolenschützen, vernommen, aus dem einer der Scandalprocesse wurde, welche unter den Ursachen zum Sturze Ludwig Philipp's mitwirkend gewesen sind. Der Richter fragte Dumas, ob er es für ehrlich halte, daß Jemand, der auf dreißig Schritte ein Ei treffe, sich mit einem Anderen schlage, der kaum wisse, wie man ein Pistol abdrücke; Dumas antwortete: „Ja, wenn man sich auf die Mensur stellt, so verschwinden alle Fragen des Edelmuthes und des Zartgefühls, die an und für sich sehr schöne Dinge sind, vor der Frage der Existenz, die wir auf's Spiel setzen, und die — ma foi! — im Handumdrehen verloren gehen kann!"

Jener Proceß — zugleich eine lebendige Scene aus den Ge= heimnissen von Paris — bewies übrigens, welche unerlaubten Vor= theile die Duellanten durch schurkische Secundanten oft erlangen.

Der verhängnißvolle Streit war am 7. März 1845 in einer jener Gesellschaften entstanden, in welcher die fashionablen Roués unter zahlreichem Zuspruch der jungen Herren von der Presse bei schwelgerischen Mahlzeiten, Kartenspiel und Tanz mit hübschen Schauspielerinnen und Hetären sich lustige Abende zu machen pflegen. Einige Tage früher waren bei einer Schauspielerin beim Spiel 15 oder 16 Louisd'or unreclamirt liegen geblieben. Dieses Geld an den Mann zu bringen, wurde ein Picknick in der Restauration der Frères Provençaux im Palais Royal beschlossen, und was dazu fehlte, sollte zugelegt werden, denn man speiste zu 55 Franken das Gedeck. Unter den 18 bis 20 Geladenen befanden sich D u j a - r i e r und B e a u v a l l o n, beide genauere Bekannte jener Schauspielerin. D u j a r i e r, ein Journalspeculant, der sich in kurzer Zeit viel Geld gemacht hatte, das er eben so schnell wieder an Buhlerinnen und im Spiel verschwendete, war ein hochmüthiger Geck, der ohne gerade Händel zu suchen, es doch jeden merken ließ, wenn sein Gesicht ihm nicht gefiel, B e a u v a l l o n, ein Creole von Basseterre auf Guadeloupe, gleichfalls bei journalistischen Unternehmungen mitbetheiligt, war ein Spieler und Raufbold von Handwerk.

Nach aufgehobener Tafel setzte man sich in einem Nebenzimmer zum Spiel (Landsknecht), dessen Resultat darin bestand, daß D u - j a r i e r 125 Louisd'or Verlust, B e a u v a l l o n 12 - bis 13,000 Franken Gewinn und bei jenem noch 84 Louisd'or gut hatte. Zu diesem Schuldbetrag hatte sich D u j a r i e r auch bekannt, als er aber fortgehen wollte, kehrte er an der Thür um, zahlte an B e a u - v a l l o n 75 Louisd'or, die ihm noch in der Börse geblieben waren, und wendete sich, um gleich Alles bezahlen zu können, wegen des Restes zuerst an die Anwesenden, dann an den Wirth. Darin lag freilich eine Andeutung, daß D u j a r i e r mit B e a u v a l l o n nichts zu thun haben wolle, eine directe Beleidigung war es jedoch nicht. Sonst war nichts vorgekommen, und D u j a r i e r war nicht wenig überrascht, als am Nachmittage des folgenden Tages ein Graf d e F l e r s und ein Herr d'E q u e v i l l i e r s sich einfanden, um in B e a u v a l l o n's Namen eine Genugthuung von ihm zu fordern. Seine Zeugen d e B o i g n e s und B e r t r a n d bemühten sich ver-

geblich, eine Versöhnung herbeizuführen; D u j a r i e r selbst, welcher vermuthete, daß journalistische Eifersucht bei B e a u v a l l o n
der Hauptgrund war, Händel zu suchen, und alles Andere blos
Vorwand, gab einem Bekannten, der ihn fragte, ob die Sache ernst
sei, zur Antwort: „Ernst! Ich weiß aber nicht, warum ich mich
schlage." B e a u v a l l o n wollte um jeden Preis das Duell, seine
Herausforderung war so, daß sie D u j a r i e r kaum eine andere
Wahl ließ, als sie anzunehmen, oder er mußte fürchten, am anderen
Tage eine Menge Herausforderungen von anderen Raufbolden zu
erhalten. Er sagte also zu, und da er hörte, daß B e a u v a l l o n
ein Meister im Stoßfechten sei, so wählte er die Pistole. Er erfuhr
zwar bald, daß derselbe, wie schon erwähnt, im Pistolenschießen noch
stärker sei, doch ließ er es dabei, und die Secundanten regelten die
Kampfordnung.

Es wurde ausgemacht, daß die Kämpfer auf dreißig Schritte
aus einander stehen sollten und jeder vor dem Schusse fünf Schritte
vorgehen könne, nachdem er aber das Feuer seines Gegners ausgehal-
ten, still stehen und schießen müsse. Die Frage, wer die Waffen liefern
solle, entschied das Loos — ein in die Höhe geworfenes Goldstück —
für B e a u v a l l o n. Sein Secundant, d'E q u e v i l l i e r s, hatte
außer ein paar Sattelpistolen zwei Pistolen bei sich, von denen er
versicherte, sie das Jahr zuvor bei Devismes um 700 Franken
gekauft zu haben, und da der andere Secundant, de B o i g n e s, um
die Sache weniger gefährlich zu machen, die Sattelpistolen verwarf,
wurden jene für diesen Gebrauch ausersehen. Dies geschah am Tage
vor dem Duell, das im Boulogner Wäldchen stattfinden sollte.

Es war ein kalter Morgen, an dem ein starker Wind ging und
es schneite. D u j a r i e r war schon um 10 Uhr auf dem Platze, aber
anderthalb Stunden vergingen und noch erschien kein B e a u v a l-
l o n. Die Zeugen des Ersteren riethen ihm, heim zu fahren, allein
er erwiderte, er möge am anderen Tage nicht noch einmal kommen
und werde warten bis Mittag. Als endlich ein Fiaker mit B e a u-

vallen kam, trat de Boignes nochmals auf die beiden Gegen-
secundanten, d'Equevilliers und Graf de Flers zu, um ihnen
vorzustellen, daß das Duell unmöglich sei. Das Gleiche erklärte
er gegen Beauvallon, der kalt versetzte, das Vermitteln auf der
Mensur sei nicht üblich. Während nun de Boignes und de Flers
die Entfernungen abmaßen, langte d'Equevilliers zwei Pistolen
mit dem Zeichen des Waffenschmiedes Devisme aus der Tasche
und gab sie Bertrand zum Laden. Da dieser den Finger in's
Rohr steckte, zog er ihn schwarz bis an die Nagelwurzel heraus,
was ihn veranlaßte, die Besorgniß auszudrücken, die Pistolen möch-
ten probirt sein. d'Equevilliers redete ihm jedoch dies aus, indem er behauptete, nur ein Zündhütchen damit abgebrannt zu haben,
und auf Ehrenwort betheuerte, daß Beauvallon die Waffen
nicht kenne.

Nach diesen Präliminarien wurden die Kämpfer einander ge-
genübergestellt, und de Boignes gab das Zeichen. Dujarier
schoß zuerst, und — die Kugel flog in ziemlicher Höhe rechts über
Beauvallon weg; dann ließ er die Pistole auf die Erde fallen,
statt daß er sie in die Höhe hätte erheben sollen, um den Kopf zu
decken, und statt auszuliegen, bot er volle Stirn und Brust dar.
Nun hätte Beauvallon, der Verabredung gemäß, unverweilt den
zweiten Schuß thun sollen, er zögerte aber und zielte, so daß
de Boignes ihm zurief: „So schießen Sie doch, mein Herr,
schießen Sie doch!" Der Schuß ging endlich ab, und einen Augenblick konnte man glauben, Dujarier sei nicht getroffen, denn er
blieb aufrecht stehen, aber nicht lange, so wankte er und fiel rücklings
nieder. Er war schwer im Gesicht verwundet und nur die Aengst-
lichkeit seines Blickes verrieth, daß er sein Bewußtsein noch erhalten
hatte, weshalb ihn der Arzt, Dr. Deguise, zu beruhigen suchte.
Kaum hatte ihn jedoch de Boignes gefragt, ob er viel leide, und
er bejahend genickt, so entfärbte er sich plötzlich und verschied. Die
Kugel war etwas unter dem rechten Nasenflügel durch den obern

Kinnbacken in den tiefsten Theil des Kopfes eingedrungen und hatte das Bein des Hinterhauptes zerschmettert, dergestalt, daß eine starke Erschütterung des Rückenmarks verursacht worden war.

Abgesehen nun davon, daß die Partie, indem Dujarier gar nicht zu schießen verstand, sehr ungleich war, so war es auch bei dem Kampfe nicht ehrlich hergegangen. Denn offenbar konnte das Abschießen eines Zündhütchens das Rohr nicht geschwärzt haben, und es war alle Ursache zur Vermuthung, daß Beauvallon die Pistolen vorher probirt hatte, um so mehr als sich hinterher ergab, daß sie seinem Schwager Granier de Cassagnac, bekanntlich einem der übelberüchtigsten Mamelucken des heutigen Regimes, gehörten, und Beauvallon's verspätete Ankunft auf dem Kampfplatz, da er schon um 7 Uhr seine Wohnung verlassen, sich nur dann erklärte, wenn man annahm, er habe sich inzwischen mit den Pistolen eingeschossen.

Der Fall wurde den Geschworenen überwiesen und in Rouen verhandelt. Hier stellte sich gegen Beauvallon schon etwas Schimpfliches heraus, denn es wurde ihm nachgewiesen, daß er sechs Jahre früher einer verwandten Dame eine Uhr gestohlen hatte, um sie auf dem Leihhause zu versetzen. Da indessen das Duell nach den Zeugenaussagen der Geschworenen ein ehrliches gewesen zu sein schien, so ward er freigesprochen.*) Man mußte aber den Proceß zum zweiten Male vornehmen, weil dringende Verdachtsgründe vorlagen, daß falsches Zeugniß abgelegt worden sei. d'Equevilliers hatte in der That einen Meineid geschworen, und da Beauvallon seinem Secundanten bei dessen Proceß dieselbe Gefälligkeit erwies, so wurde er wegen des gleichen Verbrechens in Untersuchung ge-

---

*) Die französischen Gesetze belegen zwar jeden Zweikampf mit Strafen, aber nur bei tödtlichem Ausgange schreitet die Polizei ein, und selbst in diesem Falle sprechen die Geschworenen den Ueberlebenden frei, wenn das Duell selbst in Ordnung gewesen ist.

nommen. Es wurde nun bis zur Evidenz ermittelt: 1) daß Beauvallon sich zu jenem Zweikampfe, wie schon erwähnt, der Pistolen
seines Schwagers Granier de Cassagnac bedient hatte, die er
kannte, und mit denen er sich am Morgen des Duells selbst eine
Stunde lang eingeübt hatte; 2) daß diese Uebung in der Wohnung
des Secundanten d'Equevilliers stattgefunden, und 3) daß
Granier de Cassagnac sehr wohl gewußt, sein Schwager
würde sich der betreffenden Pistolen bedienen, ja daß er zu dem
Ende selbst seinem Büchsenmacher den Auftrag gegeben hatte, sie an
Beauvallon zu schicken. Dieser wurde in Folge des Mitgetheil-
ten zu acht, d'Equevilliers zu zehn Jahren entehrender Gefängnißstrafe (réclusion) bestraft. . .

Ich stelle neben diese französische Duellgeschichte eine deutsche,
von der das sittliche Gefühl in anderer Weise verletzt wird. Das
Empörende liegt bei dieser letzteren in der kalten Heimtücke, mit der
eine Gesellschaft junger Adeliger und Officiere einen Mann ver-
folgte, der keinen von ihnen jemals beleidigt hatte, und, wie es nach
oberflächlichem Ansehen scheint, nur aus dem Grunde, weil dieser
Mann ein geadelter Israelit war, in der Wirklichkeit aber aus anderen Motiven, welche keiner der Verfolger einzugestehen den Muth
hatte. Dieses Treiben kostete das Leben dreier Menschen, unter
denen die beiden eigentlich Schuldigen selbst waren.

Ich meine die Haber-Göler'sche Duellsache, die ihrer Zeit
eine cause célèbre war; jetzt sind ihre Einzelnheiten vergessen.

Moritz von Haber, ein früher für den (1855 zu Triest
verstorbenen) spanischen Kronprätendenten Don Carlos thätig
gewesener Mann, war einer Coterie des Hofes von Karlsruhe ver-
haßt geworden, und man hatte beschlossen, seinen Ruf so zu Grunde
zu richten, daß er sich ganz aus der Gesellschaft zurückziehen müsse.
Zwei Freunde, Göler und Sarachaga, waren in diesem Sinne
am thätigsten, und es gelang ihnen, einen Theil des Officiercorps
gegen v. Haber einzunehmen. Dieser sollte nun öffentlich beschimpft

werden, wozu man als paſſendſten Ort Baden-Baden wählte, den Sammelplatz der vornehmen Welt von ganz Europa.

Zu Anfang des Monats Auguſt 1843 veranſtaltete die dortige Geſellſchaft einen Ball zu Ehren der Großfürſten Helene und der Herzogin von Naſſau. Auf der Subſcriptionsliſte ſtand auch der Name: Moritz v. Haber. Da erklärte der Freiherr Julius v. Göler, großherzogl. badiſcher Oberlieutenant bei der Artillerie, unter den beleidigendſten Ausdrücken gegen v. Haber's Perſon: man dürfe denſelben nicht zulaſſen; daraufhin ſtrichen die mit dem Aufnehmen der Liſte beauftragten Herren den Namen v. Haber's und derſelbe forderte den Oberlieutenant. Dieſe Forderung veran- laßte den Zuſammentritt eines Ehrengerichts von Cavalieren zu Baden, und dann eines ſolchen von Officieren zu Karlsruhe. Die Verleumdungen hatten ſo gut ihre Wirkung gethan, daß die Offi- ciere den Spruch fällten, der auch durch die Karlsruher Zeitung veröffentlicht wurde: „Herr v. Göler kann ſich nicht mit Herrn v. Haber ſchlagen." Der letztere zieh nun am 31. Auguſt durch öffentlichen Anſchlag und ein Rundſchreiben ſeinen Gegner der Ehr- loſigkeit und Feigheit.

Inzwiſchen hatte ſich auch ein Ruſſe aus ſehr guter Familie, Namens v. Wereſkin, für beleidigt erklärt, indem er als Kartel- träger und Beiſtand v. Haber's durch die demſelben widerfahrene Schmach mitbetroffen worden ſei. v. Göler nahm die Herausfor- derung des Ruſſen an, und da er zum Abſtecken des Uebungslagers im Hardwald bei Raſtadt befehligt war und ſeinen Poſten nicht ver- laſſen konnte, ſo mußte der Kampf dort ſtattfinden. Die Entfernung der beiden Gegner betrug zehn Schritte, als Waffen waren gezogene Scheibenpiſtolen gewählt worden. Beide Gegner gehörten zu den beſten Piſtolenſchützen, dennoch fehlte, trotz der kurzen Diſtance und der mörderiſchen Waffe, jeder mit dem erſten Schuſſe. Dann aber traf v. Wereſkin mit dem zweiten v. Göler in die Bruſt. Die- ſer preßte mit der linken Hand die Wunde zu, zielte und drückte mit der rechten ab. Der Schuß versagte. Ein zweites Zündhütchen wurde aufgesetzt und versagte wiederum. Da reichte v. Werekin's Zeuge dem Gegner desselben eine andere Waffe, und diese that nun so gut ihren Dienst, daß der Russe, tödtlich getroffen, mit dem Ausrufe: »Je suis mort!« Knall und Fall im Feuer zusammenstürzte und augenblicklich den Geist aufgab, während v. Göler seinerseits nun auch sank und zwei Tage später starb. Das Wiederaufsetzen der Zündhütchen wie das Wechseln der Pistolen waren, wie sich aus den Thatsachen ergiebt, Folgen einer vorher für den Fall des Versagens getroffenen Verabredung, und man darf vermuthen, daß v. Werekin selbst darauf bestanden, weil bei seinem Zweikampfe mit einem baierischen Edelmanne, der im vorhergehenden Jahre ebenfalls in Baden stattgefunden, ein doppeltes Versagen des Schusses in seiner Hand dem Kampfe ein Ende gemacht hatte. v. Werekin war der letzte von drei Brüdern, die alle auf gleiche Weise ihr Ende gefunden, und sollte mit Auszeichnung im Kaukasus gefochten haben. Ja, wahrlich, die „Moral" des Duells potenzirt die Unmoralität auf's Höchste, welche dem freiwilligen Spiele mit dem Leben anhaftet!

Am Abend vor dem Begräbnisse v. Göler's sammelten sich vor dem Haber'schen Hause in Karlsruhe mehrere tausend Menschen. Unter tobendem Lärmen und Geschrei wurden die Fenster eingeworfen, Läden und Thüren eingeschlagen, Spiegel und andere Möbel zertrümmert und zerstört, was nur in die Hände der aufgeregten Massen gerieth. Die herbeieilende Polizeimannschaft vermochte nicht diesen Auftritt zu hindern, kaum gelang es ihr, die Bewohner des Hauses und namentlich Moritz v. Haber in Sicherheit zu bringen und vor dem Tode zu retten, der ihm wohl gedroht haben würde, sobald ihn die wüthende Menge aufgefunden hätte. Selbst die in Masse ankommenden Militärabtheilungen waren kaum im Stande, die tobenden Volkshaufen nach Mitternacht zu zerstreuen, nachdem vorher in anderen Theilen der Stadt mehrere

Häuser reicher Israeliten von ähnlichen Angriffen heimgesucht worden waren.

Die Rachgier hatte sich damit noch nicht gesättigt. Es war
gänzlich mißlungen, v. Haber moralisch zu vernichten, und wollte
man ihm schaden, so mußte man ihn körperlich vernichten.

Sarachaga, die eigentliche Triebfeder der verderblichen
Händel, erließ an Moritz v. Haber endlich im eigenen Namen
eine Herausforderung. Die sichere Aussicht, der Pistole eines mit
Haber verschwägerten Officiers sich stellen zu müssen, mochte seinen Entschluß, nicht länger Andere kämpfen zu lassen, zur Reise
gebracht haben. Man wählte das neutrale rheinhessische Gebiet und
einen Platz in der Nähe von Worms. An dem bestimmten Tage
verdunkelte ein starker Nebel die Luft, so daß der Zweikampf auf
den nächsten Morgen verschoben werden mußte. Sarachaga
hatte, ohne Zweifel um seinen Gegner zu schrecken, die schärfsten
Bedingungen gemacht, z. B. daß jeder seine eigenen gezogenen Pistolen benutze und daß so lange fortgekämpft werde, bis einer der
Kämpfenden gefallen sei. Ja, er hatte die unerhört barbarische Bedingung gestellt, daß noch auf den Gefallenen geschossen werden
dürfe! Alle seine Anträge waren jedoch zurückgewiesen und ihm nur
so weit gewillfahrt worden, daß man den Duellanten eigene und
gezogene Pistolen bewilligte.

Am Duellmorgen (14. December 1843) lag Schnee und
herrschte eine entsprechende Kälte. Wenn Sarachaga dennoch
seinen Rock auszog, so konnte er dazu kein anderes Motiv haben,
als seinem Gegner das Zielen zu erschweren, und dieser Kunstgriff
spricht keineswegs für seine Ritterlichkeit. Seine weißen Hemdärmel
machten nämlich die Umrisse seines Körpers auf dem Hintergrunde
von Schnee undeutlich. Die Distance war fünfzehn Schritt Bar-
riére. Jeder der beiden Duellanten trat mit zwei Pistolen auf die
Mensur. Sarachaga, der beide Mal zuerst schoß, fehlte mit beiden
Schüssen, v. Haber mit dem ersten. Das zweite Mal zielte er bedäch-

tiger, und als er jetzt feuerte, traf seine Kugel den Gegner in's Herz. Bei dem Todten fand man ein katholisches Gebetbuch, und in diesem die Stelle eingeknissen, wo ein „Gebet in ungerechtem Kampf" stand! Noch auf dem Schauplatze des tragischen Ereignisses selbst erhielt v. Haber eine neue Herausforderung, denn mehrere Waffenbrüder Sarachaga's hatten diesem versprochen, falls er fiele, seinen Gegner zu fordern und nicht abzulassen, bis sie ihren Freund gerächt hätten. Somit fänden wir uns vollends in die Barbarei zurückversetzt, in welcher das Gesetz der Blutrache die Feindschaften verewigt. Ein strenger Befehl des Großherzogs von Baden verhinderte aber glücklicherweise diese Verkehrung des Zweikampfes in ein nichtswürdiges Rauffsystem . . .

An diesem französischen und deutschen Beispiele von Duellen der verwerflichsten Art mag es genug sein.

Vor Allem muß es überraschen, daß bisweilen selbst der Kunst*) und Wissenschaft, sowie auch insbesondere der Volksvertretung angehörige Männer nicht soviel Besonnenheit des modernen Culturmenschenthums besitzen, um sich von der Tyrannei des in Rede stehenden Vorurtheils, dieses Staates im Staate, loszumachen — Männer, die doch ohne Frage etwaige persönliche Rücksichten ihren „öffentlichen Pflichten" nachzusetzen haben. Als ob sich Systeme, Wahrheiten und Ansichten auf der Mensur vertheidigen und zur Geltung bringen ließen! Einer Zeit gegenüber seine errungenen Ueberzeugungen mit dem eigenen Herzblute zu besiegeln, für Freiheit und Recht, im Kampfe des Lichtes gegen die

---

*) So starb im vorigen Jahre zu Dresden ein junger Pole, Graf Zalusli, der ein ungemein talentvoller Bildhauer war, an den Folgen eines Duells, und zwar paßte hier, wie so oft, das Wort, welches der Franzose gewöhnlich bei der Hand hat, sobald er von einem Duelle hört: »Cherchez la femme!« d. h. auf gut Deutsch: „Es steckt ein Frauenzimmer dahinter." — Hier sei auch an jenen Zweikampf erinnert, den sich der kürzlich verstorbene Alf. de Lamartine, als er in einer Strophe seines „Letzten Gesanges Childe Harold's" geklagt hatte, man fände in Italien nur Menschenstaub und keine Männer, mit dem bekannten Obersten Pepe zuzog, und aus welchem der Dichter eine gefährliche Verwundung davontrug.

Finsterniß, des wahren Fortschritts gegen reactionäre Bestrebungen mit dem Einsatze seines Lebens zu streiten, documentirt den Geistes- helden. Einen Einzelnen dagegen, durch dessen ausgesprochene Meinungen wir uns beleidigt wähnen, nur durch die ultima ratio der blutigen Waffen bekämpfen zu wollen, setzt gewöhnlich eine ge- wisse Beschränktheit, Einseitigkeit und Kleinlichkeit in der Geistes- und Charakteranlage, eine würdelose Leidenschaftlichkeit des Indivi- duums voraus. Als wahr und treffend ist hier der Ausspruch Her- der's anzuführen:

"Weisheit und Wissenschaft sind Waffen gegen das Laster.
Du, ein gewaffneter Mann, willst sein Gefangener sein?
Irrt der Blinde, so zeigt Jeder mitleidig den Weg ihm,
Stürzt der Seher hinab, wird er von Allen verlacht."

Der erste Fall wohl, daß beleidigende Aeußerungen gelegentlich von Landtagsverhandlungen ein Duell nach sich gezogen, kam in Baiern vor. Damals sprach der provisorische Minister des In- nern und der Finanzen Carl v. Abel in der Sitzung der zweiten Kammer am 9. April 1840 mit ehrenrührigen Worten über den Fürsten v. Oettingen-Wallerstein, seinen Vorgänger im Ministerium. Dieser forderte ihn und es kam wirklich zum Duell. Dasselbe verlief zwar unblutig, hatte aber die unangenehme Folge, daß zwei Duellanten niedern Ranges, die man bald darauf vor Ge- richt stellte, Freisprechung verlangten, da eine Handlung, die man einem gegenwärtigen und einem früheren Minister nachgesehen habe, an ihnen nicht gestraft werden dürfe.

Keine solch' ungerechte und verderbliche Nachsicht fand das Duell zwischen dem belgischen Kriegsminister Chazal und dem Antwerpener Abgeordneten, sowie namhaften flämischen Schrift- steller Delaet.

In der belgischen Abgeordnetenkammer war von mehreren Mitgliedern, namentlich auch von Delaet, behauptet worden: es sei bei der Anwerbung der Freiwilligen für Mexico nicht alles in streng gesetzlicher Weise vor sich gegangen, es seien Minderjährige, die noch nicht dispositionsfähig, angenommen worden u. a. m.

Durch diese Vorwürfe hatte sich der Kriegsminister zu der speciell gegen Delaet gerichteten Aeußerung hinreißen lassen: „Nur die, welche solcher Niederträchtigkeiten selbst fähig sind, können sie Andern vorwerfen." Vom Präsidenten der Kammer war aber trotz des von Delaet sofort erhobenen Einspruchs verweigert worden, den Kriegsminister zur Ordnung zu rufen, und Delaet hatte in Folge dessen dem letzteren eine Herausforderung zugehen lassen. Diese war angenommen worden und so kam es zu einem Pistolenduell, welches am Morgen des 8. April 1865 in einer Privatreitbahn zu Brüssel stattfand. Die Secundanten des Ministers waren die Generale Guilliaume und Soudain de Niederwerth, die des Abgeordneten der Ex-Justizminister Nothomb und der Graf Liedekerke. Der erste Schuß gehörte Herrn Delaet, dessen Kugel dem Minister an der rechten Seite eine Streifwunde beibrachte; als dieser dann fehlte, widersetzte sich der anwesende Arzt der Fortsetzung des Kampfes. Nunmehr ging Delaet auf den General Chazal zu und sprach ihm die Versicherung aus, daß er nicht aus Gründen persönlicher Feindschaft, sondern aus parlamentarischem Pflichtgefühl gegen ihn aufgetreten wäre. Der Minister antwortete mit der Erklärung: auch er seinerseits bedauere die Heftigkeit des gegen Herrn Delaet gebrauchten Ausdrucks, und beide Gegner reichten sich versöhnt die Hände. Als wenn dies nicht ebenso gut schon vorher hätte geschehen können!

Mit Recht war man gespannt darauf, welche Folgen das Duell nach sich ziehen, und wie sich zu der ganzen Angelegenheit die Kammer verhalten würde. Sie ward hier am 26. April durch folgenden, von den Herren v. Brouckere, v. Theux, Dolay, Kervyn de Lettenhove, Bara (dem nachmaligen Justizminister und Delcour unterzeichneten Antrag zur Sprache gebracht:

„Es ist notorische Thatsache, daß am 8. d. Mts., Morgens, ein Duell zwischen einem Minister und einem Mitgliede des Abgeordnetenhauses stattgefunden hat. Das Duell, unbeschadet seiner Folgen, und hätte es selbst kein Resultat, wird durch das Gesetz vom 8. Januar 1841 bestraft; jedoch scheint es nach dem Wortlaute der Artikel 90 und 134 der Verfassung, über deren Bedeutung und Tragweite die verschiedensten Ansichten zu Tage getreten sind, daß der Kammer allein das Recht zustehe, einen Minister anzuklagen, und dem Cassationshofe allein das Recht, einen Minister zu richten, während der Art. 45 der Verfassung Alles regelt, was die gericht-liche Verfolgung eines Abgeordneten während der Dauer der Ses-sion angeht. Es ist nothwendig, daß man die durch obenerwähnte Thatsache angeregten Fragen, sowie die bezeichneten Artikel der Verfassung einer reiflichen Prüfung unterziehe, damit die Kam-mer nach dieser Prüfung eine als passend erkannte Entscheidung treffen könne. Die Unterzeichneten schlagen demnach dem Hause vor, eine Commission zu ernennen, bestehend aus dem Präsidenten des Hauses und sechs durch das Büreau zu designirenden Mitglie-dern, um jene Fragen zu untersuchen und der Kammer über alle darauf bezüglichen Punkte einen Bericht zu unterbreiten."

Die Kammer war mit dem Antrage vollkommen einverstanden und es wurden dessen Unterzeichner selbst zu Mitgliedern der be-treffenden Prüfungscommission ernannt. Diese machte dann dem Hause die Vorschläge: dem Cassationshofe allein die Verurtheilung eines Ministers wegen außerdienstlicher Vergehen anheimzugeben, sobald der General-Procurator des Cassationshofes die Ermächti-gung zur gerichtlichen Verfolgung von der Kammer nachsuche, und, falls die Kammer die Verfolgung für nöthig erachte, die Staatsbe-hörde aber nicht die Hand dazu böte, selbst dann eine Commission zu ernennen und mit der Anklage zu betrauen. Diese Vorschläge wurden denn auch mit großer Stimmenmehrheit angenommen, der Cassationshof holte die Erlaubniß zur Verfolgung der Angelegenheit ein und hielt am 12. Juli die betreffende Sitzung. Nachdem hier die beiden Angeklagten auf jede Vertheidigung verzichtet hatten,

stellte das öffentliche Ministerium sein Requisitorium, welches für
Delact als den Provocirenden auf drei Monate Gefängnißstrafe
mit 300 Fr. Bußgeld, für den Minister auf zwei Monate und
200 Fr. lautete, und nach dreiviertelstündiger Berathung ward
dasselbe vom Cassationshofe genehmigt.

Fast um dieselbe Zeit sollte ein ähnlicher Vorfall wiederum in
Deutschland großes und berechtigtes Aufsehen erregen, nur daß der
Provocirende nicht der Abgeordnete, sondern der betreffende Minister
war, und die Angelegenheit einen erfreulicheren Ausgang nahm.

In der Sitzung des preußischen Abgeordnetenhauses am
2. Juni war es bei Berathung der Marinevorlage zu heftigen
Aeußerungen von Seiten des Abgeordneten Virchow gegen den
Ministerpräsidenten gekommen und alsbald tauchten Gerüchte von
persönlicher Weiterverfolgung des stattgehabten Meinungsaustau-
sches auf. Wirklich hatte Herr v. Bismarck, der während der
drei Semester, die er in Göttingen „studirte", einige zwanzig Duelle
ausgefochten *) und als ein echter „Ritter ohne Furcht und Tadel"
über keine „juristischen Zwirnsfäden zu stolpern" pflegt, den Professor
Virchow auffordern lassen, seine in jener Sitzung gethane Aeußerung zurückzunehmen oder ihm anderweitig Genugthuung
zu geben.

Die Virchow'sche Aeußerung, durch welche sich Bismarck
persönlich beleidigt gefühlt, hatte sich auf die Erklärung des Ministerpräsidenten bezogen, daß der Commissionsbericht über die Marinevorlage eine indirecte Apologie Hannibal Fischer's wäre, und nach dem
stenographischen Protokolle wörtlich wie folgt gelautet: „Gegenüber
der Behauptung bin ich genöthigt, Ihnen einige Stellen des Berichtes
unmittelbar vorzuführen, von denen ich in der That nur annehmen
kann, daß der Herr Ministerpräsident sich nicht die Mühe genommen

---

*) Näheres über diese junkerliche Seite des „eisernen Grafen" kann der
Leser in dem jüngst erschienenen „Buche vom Grafen Bismarck" finden, dessen
Verfasser der preuß. Hofrath G. Hesekiel ist.

hat, den Bericht ganz zu lesen, indem ich vielleicht voraussetzen darf,
daß es ihm genügt hat, den Schluß, soweit er sich gerade um die
schwebende schleswig-holsteinische Frage bewegt, seiner Prüfung zu
unterziehen. Aber wenn er ihn gelesen hat und sagen kann, es seien
keine solchen (anerkennende und sympathische) Erklärungen darin, so
weiß ich in der That nicht, was ich von seiner Wahrhaftigkeit denken soll." Wie später, in der letzten Sitzung am 17. Juni, Virchow selbst berichtete, indem er zugleich die Versicherung gab, daß
er weit davon entfernt gewesen, Herrn v. Bismarck damit beleidigen zu wollen, vielmehr in der von ihm (Virchow) fest geglaub-
ten Thatsache, daß derselbe den betreffenden Commissionsbericht
nicht gelesen, eine Entschuldigung erblickt habe, erklärte er sich dazu
bereit, die Aeußerung öffentlich zurücknehmen zu wollen, falls Herr
v. Bismarck zuvor verspreche, daß er mit seiner Bezugnahme auf
Hannibal Fischer weder ihn, den Referenten, noch die Commissions-
mitglieder habe beleidigen wollen. Anfänglich schien es, als wollte
v. Bismarck darauf eingehen, doch verwirklichte sich diese Vor-
aussetzung nicht. Die Verhandlungen darüber wurden mit ihm
zuerst direct, dann zwischen dem Vertreter Virchow's, Herrn v.
Hennig, und demjenigen v. Bismarck's, dem Legationsrath
v. Keudell, geführt.

Da nun ward die Angelegenheit am 8. Juni von dem Abgeordneten und jetzigen Präsidenten v. Forckenbeck auch im Abgeordnetenhause zur Sprache gebracht. Er wolle nicht untersuchen, sagte
derselbe (nach einem Berichte in der Augsb. „Allg. Ztg." v. 10. Juni
1865 Nr. 161), inwieweit Jemand zu einer Handlung gezwungen
werden kann, die durch das Gesetz, die Moral und die gesellschaft-
liche Anschauung verboten ist; aussprechen aber wolle er, daß die
Ehre des Ministers mit seinem Erscheinen im Hause unter der Geschäftsordnung desselben stehe, und daß deshalb ein Abgeordneter
seine Pflichten verletze, wenn er außerhalb des Hauses einen Streit
erledigen wolle, der durch Aeußerungen von der Tribüne herab her-

beigeführt sei. Der Minister dagegen verübe das schwerste Attentat gegen die Privilegien des Hauses, wenn er die Redefreiheit der Abgeordneten beeinträchtige und ihn wegen seiner Aeußerungen im Duell verantwortlich machen wolle. Das Duell könne und dürfe daher nicht stattfinden, der Präsident des Hauses habe die Freiheiten des Landes wie die Rechte des Hauses zu schützen, und er ersuche ihn daher, in dieser Beziehung den geeigneten Ausspruch zu thun.

Lebhafter Beifall begleitete diese Worte, denen auch der Präsident Grabow allenthalben beitrat, indem er die Erwartung aussprach, daß sich jeder Abgeordnete der Geschäftsordnung des Hauses fügen werde, und daß im vorliegenden Falle die Sache mit der Erklärung des Präsidiums ihre Erledigung gefunden habe. Charakteristisch genug meinte jedoch der Kriegsminister v. Roon: Der durch den Abgeordneten v. Forckenbeck zur Sprache gebrachte Fall entziehe sich zwar jeder Discussion seitens des Ministeriums; in seiner doppelten Eigenschaft als Abgeordneter und Minister müsse er aber gegen die Meinung protestiren, daß die persönliche Ehre jedes im Hause Anwesenden nur der Geschäftsordnung gemäß zu wahren sei. Die persönliche Ehre sei das Schönste des Menschen, dessen Sicherung ihm allein obliege, und keine Macht der Erde könne Jemanden über eine ihm widerfahrene Beleidigung hinwegsetzen. Er, obgleich Soldat, sei keineswegs ein unbedingter Anhänger des beregten Auskunftsmittels; er sei aber der Ansicht, daß ein Mann, der seine Ehre angegriffen glaube, sich keinem Ausspruche zu unterwerfen habe. Reiche das Wort des Präsidenten aus, dem Herrn Ministerpräsidenten das zu geben, was er verlangen könne, so sei die Sache erledigt. Das sei aber nach seiner Ansicht nicht der Fall (!), und wenn, dem Ausspruche des Hauses gemäß, der Abgeordnete Virchow nicht geneigt sei, die Erklärung abzugeben, die man von jedem Ehrenmanne verlangen könne, so müsse er natürlich dem Ministerpräsidenten die Maßregeln anheimstellen, die er für nöthig erachte. Werde Jemand durch technische Mittel herausgefordert, so müsse ihm die Wahl des zur Ausgleichung führenden Weges überlassen bleiben, und wolle das Haus dem Herrn Abgeordneten Virchow durch einen Beschluß verbieten, auf irgendwelchem Wege Genugthuung zu geben, so würde es damit seiner Ansicht nach seine Competenz überschreiten. Nachdem die Linke gerechte Zeichen der Verwunderung darüber gegeben, erklärte auch der Abgeordnete v. Blankenberg in seinem und seiner politischen (conservativen) Freunde Namen, daß sie mit der Ansicht des Präsidenten nicht einverstanden seien, daß vielmehr jeder einer im Hause ausgesprochenen Beleidigung außerhalb des Hauses die Folge geben dürfe, welche passend scheine! Diese Erklärung wurde auf der rechten Seite mit einem „Sehr wahr!" bekräftigt. Dagegen erklärte nach verschiedenen Meinungsäußerungen noch anderer Abgeordneter der Abgeordnete Schulz (für Borken) unter lebhaften Beifallskundgebungen der Linken in seinem eigenen Namen und im Namen seiner (katholischen) Freunde: wenn das Haus einen Beschluß fassen wolle, daß das Duell überhaupt sowohl den geltenden Strafgesetzen, als aller Gesittung und Religion in schnödester Weise Hohn spreche, und daher kein Staatsbürger, am wenigsten ein Mitglied des Abgeordnetenhauses, dazu gezwungen werden dürfe, — so würden sie mit Freuden einem solchen Beschlusse zustimmen. [Aehnlich stellte Anfang Juni 1864 der Senator Casati im italienischen Senate — f. Augsb. „Allg. Ztg." v. 13. Juni 1864, Nr. 165, S. 2679 — den Antrag: die Regierung möge, angesichts der sich leider so mehrenden Duelle, die Behörden auffordern, die in diesem Betreff bestehenden Gesetze mit größerer Strenge zu handhaben und die Schuldigen rücksichtslos zur Strafe zu ziehen. Zu gleicher Zeit legte er einen Gesetzentwurf vor, den seiner Zeit der bei Novara gefallene General Perrone di San Martino den französischen Kammern in dieser Beziehung vorgelegt hatte. Der Justizminister Pisanelli behielt sich vor, auf den Casati'schen Vorschlag zu antworten, wenn er denselben näher geprüft haben werde. Es scheint aber nichts daraus geworden zu sein. *) Durch ein merkwürdiges Zusammentreffen stellte fast gleichzeitig, wie Casati im Senate, so der Deputirte Mauro Macchi in der Deputirtenkammer ebenfalls einen Antrag in Bezug auf das Duell, aber freilich einen ganz entgegengesetzten, den näm= lich: die im Gesetzbuch befindlichen auf das Duell bezüglichen Artikel zu streichen. Macchi erklärte nämlich, zwar gleichfalls ein Gegner des Zweikampfes zu sein, war aber der Meinung, derselbe könne nimmer durch Gesetze bekämpft werden, sondern müsse richtigeren Anschauungen von Ehre und Recht und milderen Sitten weichen. Auch ein großer Theil der italienischen Presse neigte sich zu der An= sicht Macchi's, aber was hervorzuheben ist: kein Journal wagte offen dem Duell das Wort zu reden.] Dem schließlich vom Ab= geordneten v. Sancken=Julienfelde ausgedrückten Wunsche, daß das Haus von einem Beschlusse abstrahire und nicht das Ge= wissen einer Minorität verletze, die mit dem Vorurtheile behaftet sei, daß ein Duell unter Umständen nicht vermieden werden könne, entsprach der Präsident Grabow blos insoweit, als er, da ein formulirter Antrag nicht vorliege, auch keinen Beschluß her= beiführen wollte. Dagegen wolle er der Aufforderung des Herrn v. Jordenbed nachkommen und seine Ansicht dahin aussprechen, daß er in dieser Sache seine Meinung bereits nach seiner treuesten Ueberzeugung ausgedrückt habe, und daß er davon nicht zurücktreten werde. Er müsse abwarten, welche weitere Deutung man diesem Ausspruche zu geben gedenke. Er habe, so weit die Wände reichten,

---

*) So läßt sich die „Allg.Ztg." aus Florenz unterm 3. März d. J. schreiben: „Die Duellwuth, von welcher das neue Italien besessen ist, hat in diesen Tagen wieder mehrfache Opfer gefordert. Alle Zeitungen stellen seit Jahr und Tag moralische Betrachtungen an über die Verkehrtheit und Barbarei des Duells; aus den Reihen der Abgeordneten sind Vorschläge hervorgegangen zur Errichtung von Ehrengerichten; Journalisten aller Parteien sind übereingekommen, für ihre Zwistigkeiten in jedem Falle erst eine friedliche Beilegung zu suchen, ehe sie zu Säbel und Pistole greifen. Nichtsdestoweniger sind die Duelle so zahlreich und so erbittert als je; man ist genöthigt, darin ein Symptom zu finden, daß das verjüngte Italien gegenwärtig in der Periode der knabenhaften Rauflust stehe."

die Geschäftsordnung des Abgeordnetenhauses zu leiten, und er hoffe, daß der abwesende College Virchow in dem vorliegenden Falle sich der Geschäftsordnung des Hauses fügen werde.

Diese Hoffnung sollte sich, wie von Virchow nicht anders zu erwarten war, erfüllen.

Am Tage nach den bezüglichen Verhandlungen im Abgeordnetenhause fragte nämlich der Kriegsminister v. Roon brieflich bei Virchow an: ob er glaube, daß er in Folge dieser Verhandlungen sich jeder weiteren Erklärung oder Genugthuung enthoben erachte, und darauf erwiderte der Befragte, daß er das Duell allerdings ablehne, nach wie vor jedoch geneigt sei, die von Herrn v. Bismarck gewünschte Erklärung im Hause abzugeben, sobald Herr v. Bismarck zuvor seinem (Virchow's) Verlangen entspreche, wobei er Herrn v. Bismarck die Feststellung des Wortlautes der Erklärung überlassen wolle.

Noch vor den Verhandlungen im Abgeordnetenhause hatte bereits das diplomatische Corps Kenntniß von der Forderung erhalten. Da aber Virchow mit Niemandem über die Sache gesprochen, außer mit seinem Vertreter Herrn v. Hennig, so kann man sich sein Erstaunen denken, als auf seiner Rückreise von Elberfeld, wohin er zu einem inzwischen verstorbenen Kranken gerufen worden war, in Dortmund fremde Personen mit der Anfrage an ihn herantraten, wie es mit seinem Duelle stehe? Diese echt ritterliche und cavaliermäßige Art, die Sache zu behandeln, führte dahin, daß sein Haus in Berlin von Polizisten umstellt, ja auch die Ausgänge der Charité polizeilich bewacht wurden, und doch hätte eine derartige Maßregel gerade dem herausfordernden Theile gegenüber beobachtet werden müssen. Selbst die eigene Familie Virchow's ward in große Bedrängniß gebracht. Nachdem eines Abends der Kriegsminister in seiner Wohnung erschienen war, erhielt die Familie am nächsten Morgen einen anonymen Brief, worin ihr angezeigt wurde, daß das Duell im Laufe des Tages bestimmt stattfinden würde.

Auch im diplomatischen Corps war an demselben Morgen das auf das auswärtige Ministerium zurückzuführende Gerücht verbreitet, daß sich die Gegner an diesem Tage schlagen würden. Alles dies beweist, daß man auf der einen Seite von Anfang an bemüht gewesen, die Discretion, welche in einer so delicaten Sache sonst üblich ist, nicht zu beobachten, während Birchow von Anfang an mit der ehrlichsten Bereitwilligkeit, falls es dem andern Theile wirklich darum zu thun war, die Sache parlamentarisch durch eine persönlich beruhigende Erklärung hatte ordnen wollen. Schließlich erledigte sich übrigens die Sache dadurch, daß Birchow vom Kriegsminister die briefliche Mittheilung erhielt, Herr v. Bismarck verzichte auf eine weitere Erklärung. [Eine Criminaluntersuchung wurde in dem vorliegenden Falle nicht eingeleitet, und die „Nordd. Allg. Ztg." bezeichnete diese Unterlassung mit Rücksicht auf den Umstand, daß der Ministerpräsident Landwehrofficier sei, als gerechtfertigt. Der §. 33. der Verordnung vom 20. Juli 1843 bestimmt nämlich, daß ein Officier wegen Herausforderung zum Zweikampf nur dann bestraft werden solle, „wenn dieser mit Vorbeigehung des Ehrenrathes und der Ehrengerichte hat vollzogen werden sollen!" Demnach hätte also der Ministerpräsident und Landwehrofficier v. Bismarck — ohne daß man freilich etwas davon vernommen — dem Ehrenrathe seines Regiments den Fall angezeigt und dieser scheint die eventuelle Forderung Birchow's gebilligt zu haben. Die Erwähnung des Ehrenrathes, einer specifisch preußischen Einrichtung, erinnert übrigens an die Plehwe-Jachmann'sche Affäre mit ihrem tragischen Ausgange. Vom General v. Plehwe war im J. 1848 zu Königsberg der „Preußenverein" gegründet worden, und seitdem besaß dort der General einen festbegründeten Einfluß. Sein Sohn, der Lieutenant a. D. v. Plehwe, hatte die Güter seines Schwiegervaters, des Gutsbesitzers und Commercienrathes Jachmann auf Trutenau und Nettelbeck, gepachtet und zugleich mit diesem einen sehr ausgedehnten Fabrikbetrieb angefangen. Beide Familien waren aber hinsichtlich des Werthes der betreffenden Güter im Irrthum, und zwar ohne ihre Schuld, da dieselben in der Landtaxe fast um das Doppelte ihres Werthes angesetzt waren. Zuletzt brach der Concurs aus, durch den nach mehreren Berichten eine große Anzahl von Personen bedeutende Verluste erlitt und gleichfalls insolvent wurde. Die Betroffenen behaupteten nun, größtentheils im Hinblick auf dei hervorragende Stellung des Generals dem Lieutenant v. Plehwe Credit gewährt zu haben, und es wurden viele Klagen laut. Der General sah sich dadurch veranlaßt, seinen Abschied zu nehmen, gab jedoch, was seine directe Betheiligung betraf, in den öffentlichen Blättern die Erklärung ab, daß dieselbe nur darin bestanden, dem Trutenauer Dominium (d. h. dem Vater seiner Schwiegertochter) 23,600 Thaler ohne Zinsen und Pfand geliehen zu haben. In Folge vorhergegangener Ereignisse hatte die Jachmann'sche Familie, sowie die in das Haus ihrer Eltern zurückgekehrte Tochter des Commercienrathes, zunächst beschlossen, jede Berührung mit der Familie v. Plehwe zu vermeiden, um ferneren ärgerlichen Auftritten aus- zuweichen. Als daher am 11. November 1857 der General v. Plehwe nach Trutenau kam, wurde er vom Commercienrathe nicht empfangen. Darauf verlangte der General den Lieutenant Jach- mann zu sprechen, welcher ihn auf sein Zimmer führte und ihn zum Sitzen nöthigte. Dort richtete der General an denselben die Frage, ob er im Auftrage seiner Eltern dem Sohn v. Plehwe den Eintritt in das Haus verweigert habe, was Jachmann bejahte. Er fragte ferner, ob er die Ansicht seiner Eltern hinsichtlich des Ab- bruchs der Beziehungen zur Familie v. Plehwe theile, worauf der Lieutenant antwortete: seine Ansicht thue zwar nichts zur Sache, da jedoch der General ihn danach frage, so müsse er erklären, daß er mit den Maßregeln seiner Eltern einverstanden sei. „Dann sind Sie ein infamer Hundsfott und müssen Sie sich mit mir auf Tod und Leben schießen," antwortete der General und ging fort. Von diesem Vorfalle machte der Lieutenant Jachmann sofort Anzeige beim Ehrenrathe seines Regiments, der sich aber drei Tage lang vergeblich bemühte, die Sache beizulegen. Der General v. Plehwe erkannte die Anzeige und Darstellung Jachmann's als vollkommen richtig an, erklärte jedoch, daß er sich mit dem Ehrenrathe nicht zu befassen und als Generallieutenant schon wisse, was er zu thun habe. Demnach fand nun am 15. November hinter dem Kugelfange auf dem kleinen Exercierplatze zwischen den Betheiligten ein Pistolenduell auf 5 Schritt Barrière statt, und zwar unter Beistand des Hauptmanns v. Schlichting als Secundanten des Generals und des Premierlieutenants v. Lehwaldt als Secundanten Jachmann's, sowie in Gegenwart des Ehrenrathes, bestehend aus dem Rittmeister v. Gottberg und den Lieutenants v. Knoblauch und v. Zander I.; als Aerzte waren Professor Dr. Burow und Dr. Schickert anwesend. Aufgestellt auf seinem Platze avancirte der General bis zwei Schritte gegen die Barrière und zielte; als er jedoch sah, daß Jachmann auf seinem Posten stehen blieb, das Pistol vor der Brust mit der Mündung nach oben, rief er mit lauter Stimme: „Lieutenant Jachmann, was soll das heißen? das lasse ich mir nicht gefallen, Sie müssen auch schießen!" und da Jachmann mit dem Kopfe schüttelte und der Aufforderung nicht nachkam, setzte Plehwe ab und wendete sich an die Secundanten mit den Worten: „Meine Herren, ich bitte, den Lieutenant Jachmann zu veranlassen, daß er schießt." Nichtsdestoweniger blieb derselbe doch fest stehen, und erst, als dem General bedeutet worden, daß jeder schießen könne, wann er wolle, gab derselbe den ersten Schuß ab. Die Kugel trang dem Gegner in den Mund, verletzte den Unterkiefer und ging an der linken Seite des Halses hinaus. Nach momentanem Taumeln avancirte nun auch Jachmann einige Schritte und feuerte, worauf der General, durch's Herz getroffen, lautlos niedersank.]

In den Versammlungen der vier Wahlbezirke Berlins, welche nach den Verhandlungen des Abgeordnetenhauses über die Bis-

marck-Virchow'sche Angelegenheit stattfanden, war dieselbe
gleichfalls zur Sprache gekommen und hatte man beschlossen, dem
Präsidenten des Abgeordnetenhauses vollste Zustimmung zu seinem
Verhalten auszudrücken. In der Versammlung des ersten Wahl-
bezirks hob Dr. Göschen unter Anderem Folgendes hervor:

„Es handelt sich gegenwärtig um einen Moment, von dem aus
sich eine lebendige Agitation des Volkes gegen die
größte Unsitte entwickeln soll, welche aus dem Zeitalter des
Feudalismus zu uns herübergekommen, um diese Unsitte mit der
Wurzel auszureißen. Es ist ein Verbrechen, wenn Jemand ein
Attentat begeht gegen das Leben eines Anderen; das Duell ist ein
Krebsschaden, der sich erhalten hat aus dem Mittelalter. Wir
sehen, welche wunderliche Dinge dieser Krebsschaden hervorrufen
kann. Der Mann, der vor zehn Jahren der berufene Wächter des
Gesetzes in unserer Stadt war (Polizeipräsident v. Hinckeldey,
gefallen am 10. März 1856 zu Charlottenburg bei Berlin im Zweikampfe mit dem Lieutenant Hans v. Rochow), ihm wurde nach
langem Sträuben die Pistole in die Hand gezwungen, weil endlich
die Würde des Amtes den unglücklichen Vorurtheilen des Standes
nicht widerstehen konnte. Jetzt tritt die Aufforderung an einen Vertreter des Landes. Schon Präsident Grabow hat die Erwartung
ausgesprochen, daß der Abgeordnete Virchow nicht vergessen werde,
was er dem Hause schuldig sei; ich gehe weiter und sage: er darf
nicht vergessen, was er seinen Wählern schuldig ist, denn der Abgeordnete, welcher Schutzherr des Gesetzes sein soll, darf zur Verletzung desselben nicht die Hand bieten."

Endlich hatte auch eine zahlreich besuchte Bürgerversammlung
in Magdeburg an den Prof. Virchow eine mit Tausenden von
Unterschriften versehene Adresse ergehen lassen, um dessen Verhalten
in der Zweikampfangelegenheit zu billigen, und Virchow antwortete darauf wie folgt:

„... Wer das Amt eines Abgeordneten, in jetziger Zeit doppelt und dreifach schwer, übernimmt, muß darauf vorbereitet sein, in der schwersten Entscheidung wenig Anerkennung von außen zu finden, und nur im eigenen Gewissen den Lohn zu suchen. Mir ist es günstiger geworden. Treue Freunde stehen mir zur Seite und das Gewissen des Landes ist wach geworden, daß e n d l i ch e i n m a l der Druck eines barbarischen Vorurtheils von uns genommen werde, des Vorurtheils, daß der Einzelne sich selbst Recht nehmen dürfe außerhalb des Gesetzes und gegen das Gesetz. Aus der persönlichen Sache ist eine allgemeine Sache geworden, und auch Ihre Adresse legt Zeugniß dafür ab, daß nicht mehr ich allein auf der Bresche des Vorurtheils stehe, sondern daß neben mich Tausende getreten sind, alle erfüllt von dem Gedanken, daß es gilt, **die Herrschaft des Gesetzes zu sichern gegen den Uebermuth des Einzelnen.** Es ist jetzt an mir, daß ich Ihnen Glück wünsche zu dem Entschlusse, sich selbst frei zu machen von einer gesetzlosen Gewalt und manch' bedrängtes Herz zu festigen in dem Vorsatze, nur dem Rechte unterthänig zu sein!..."

Nicht unerwähnt möge auch bleiben, daß der Abgeordnete G r o ß m a n n (für Hirschberg-Schönau) aus dem linken Centrum des Abgeordnetenhauses austrat, weil — wie er in einem Schreiben an die Fraction sagte — Führer der Partei, wie z. B. v. Bockum-Dolffs und Stavenhagen, dem Präsidenten Grabow bei dessen Verweisung auf die bestehenden Gesetze in dem Bismarck-Virchow'schen Handel nicht beigestimmt hätten. So war z. B. von Stavenhagen geäußert worden: „Ich will zugeben, daß es Vorurtheile sind, von denen hier die Rede ist; aber wenn man mit gewissen Vorurtheilen alt geworden ist, so nimmt man sie mit in's Grab hinein. Ich für meine Person bin nicht der Ansicht, daß ich durch die Verfassung oder durch die Geschäftsordnung verpflichtet werden könnte, die Wahrung meiner eigenen Ehre in irgend einem Falle von einem Beschlusse dieses Hauses abhängig zu machen."

Dagegen ist einzuwenden, daß Vorurtheile Jedermann abzulegen hat,

sobald sie von ihm als solche erkannt worden sind; das ist eine sittliche Pflicht. Für den Privatmenschen ist diese Pflicht eine private.
Als erwählter Vertreter des Volkes aber — und als solcher, und
nicht als General a. D. saß Herr Stavenhagen im Abgeordnetenhause — fehlt demselben jede Berechtigung seines Standes, um
Privatvorurtheile, die er selber als solche bezeichnet hat, geltend zu
machen.

Und hat es denn nicht schon noch tiefer gewurzelte Vorurtheile
gegeben, von denen, als das Urtheil kam, die Menschen doch ein-
sahen, daß sie weichen müßten, wie die Vergangenheit der Gegenwart? „O, die Menschheit hat viel süßere Gewohnheiten als das
Duell sich abgewöhnen müssen, denen sie nachgehangen mit Leib und
Seele! Die feste Erde unter unsern Füßen hat das Vorurtheil ein-
büßen müssen vor der Gewalt des Copernicanischen Sonnensystems,
welches unserm Planeten den Laufpaß ertheilte," und kein noch so
lungenkräftiger Pastor Knaak ist im Stande, ihn wieder zum
Stillesteh'n zu bringen. Wollten auch die Orthodoxen mit mehr als
sieben Rindshäuten — nur so viele überspannten den Schild des
großen Ajax — gegen alle Pfeile und Lanzen sich bedecken, gegen
„die Wissenschaft, die den alten Himmel für immer beseitigt hat" *),
können sie doch nicht Stand halten. Konnte dies ja nicht einmal der
Teufel, ohne welchen das menschliche Herz gar nicht auskommen zu
mögen schien! Seit Luther dem Teufel das Dintenfaß nachgewor-
fen, sitzt der Teufel in der Dinte, und wer weiß, ob unserm ohnehin
schwarzen Teufel der weiße Teufel der Chinesen nicht bald in dem
Dintensitze wird Gesellschaft leisten müssen.

Ist doch die ganze Ritterlichkeit des Mittelalters aus dem
Sattel gehoben, warum sich denn gerade an das Ueberbleibsel des

---

*) Worte des Abgeordneten Birchow in seiner denkwürdigen Rede, die
er am 13. December 1868 im preußischen Abgeordnetenhause in der General-
Discussion über den Etat des Cultusministeriums hielt.

Duells anklammern? Aber man sagt: das Mittelalter sei mit seinen Sitten doch respectabel, nur weil die Sitte des Duells eine derselben gewesen ist, stehe es uns wohl an, sie auch zu respectiren. Nun, die Spartaner waren gewiß recht respectable Leute und haben die Sitte des Diebstahls gehabt, den sie als eine gymnastische Fertigkeit hoch in Ehren hielten. Dagegen gilt bei unsern germanischen Stammesgenossen, den Holländern, die doch unzweifelhaft ebenfalls respectable „Mynheeren" sind, derjenige für geächtet, und vererbt seine Aechtung auf seine Nachkommen, welcher im Zweikampfe seinen Gegner tödtlich getroffen hat.

In England ferner ist das Duell, will man den nationalen Faustkampf, das Boxen, nicht dazu rechnen,*) selbst in der Armee und Flotte bereits ganz aus der Mode gekommen, und steht dort die vollständige Unterdrückung des Duells am ehesten zu erwarten.

Schon im Jahre 1765 ward, was freilich damals, wo übrigens alle Gentlemen Degen trugen und dadurch stets in Versuchung kamen, bei einem plötzlichen Streite die Waffen zu ziehen und zu brauchen, nur noch eine rühmliche Ausnahme war, ein Großoheim des Dichters Lord Byron vor das Oberhaus gestellt und des Todtschlags für schuldig befunden, weil er seinen Gutsnachbar Chaworth im Zweikampfe erstochen hatte. Zwischen diesen beiden

---

*) Ueber die nichtswürdige Variation des modernen Duells, welche sich aus Amerika in jüngster Zeit leider auch nach Deutschland verirrt hat, und bei der die Zweikämpfer zwischen einer geladenen und ungeladenen Pistole loosen oder auch durch Würfel und schwarze und weiße Kugeln ihre „Ehrensache" erledigen lassen, ist selbstredend vollends gar kein Wort zu verlieren. Eine beliebte amerikanische Methode ist auch die, sich auf Büchsen zu schlagen und mit einer Entfernung von 80 Schritt zu beginnen. Zuweilen wählt man ein Holz und die Feinde schleichen wie Indianer gegen einander heran. Jede List ist erlaubt, z. B. darf man den Hut auf die Büchse stecken, um dem Gegner seinen Schuß abzulocken. Was würde ein Stutzer vom Milchrahm der pariser Gesellschaft sagen, wenn er zu einem solchen Zweikampfe eingeladen würde? Es ist möglich, daß selbst in Frankreich das Duell aus der Mode käme, wenn es solche plebejische Formen annähme.

Herren war gelegentlich einer gemeinschaftlichen Mahlzeit ein Streit über die beziehentlichen Vorzüge ihrer Schlösser in Hinsicht auf die Jagd ausgebrochen, und Chaworth hatte schließlich behauptet: wenn er und ein anderer Nachbar nicht sorgten, so würde Lord Byron auf seinen Besitzungen nicht einen Hasen haben. Durch diese entsetzliche Beleidigung auf's höchste gereizt, hatte der letztere seinen Nachbar sogleich gefordert, und darauf waren Beide in ein anderes, nur durch ein Talglicht erleuchtetes Zimmer des Gasthauses gegangen, hatten die Degen gezogen und gekämpft, bis eben Chaworth fiel.

Heutzutage nöthigt die Strenge der englischen Polizei jedes Paar, das sich den Genuß eines Zweikampfes verschaffen will, zu einem Ausfluge nach Frankreich. Aber abgesehen von diesem kostspieligen Zwange, der das Duell zu einem großen Luxus macht, hat sich auch die öffentliche Meinung in England mit steigender Energie gegen eine Gewohnheit erklärt, die als Ueberrest der alten Barbarei aufgefaßt wird.

Seit einer langen Reihe von Jahren schon besteht in England ein Verein gegen das Duell (Antiduelling Association), dessen Mitglieder die Verpflichtung übernehmen, jede Herausforderung zurückzuweisen und für ihre Ansicht Propaganda zu machen. Der Thätigkeit dieses Vereins ist auch die größere Strenge der Polizei und Gerichte gegen Duellanten zuzuschreiben. Bereits im Jahre 1843 zählte derselbe 416 Mitglieder, worunter 38 Lords und Söhne von Lords, 18 Unterhausmitglieder, 20 Baronets, 35 Admirale und Generale, 56 Schiffscapitäne, 32 Obersten, 26 Majors, 42 Hauptleute, 26 Lieutenants und 28 Advocaten waren. Seitdem hat sich die Zahl bedeutend vermehrt.

Den Anfang vom Ende des Duells jenseits des Canals bildete im Jahre 1838 ein Zweikampf zwischen einem Leinenhändler und dem Sohne eines Gastwirths, welche so kühn waren, sich einzubilden, daß auch sie jene Ehre zu retten hätten, welche von Personen höheren Ranges als ihr ausschließliches Eigenthum betrachtet wird. Sie schossen sich auf dem Anger von Wimbledon, dem Kampfplatze der Vornehmen, und der arme Leinenhändler fiel. Sein Schicksal rief in der Modenwelt große Bestürzung hervor, denn man fühlte, daß die ernsthafteste Beschäftigung nunmehr verloren gehen würde. In der That kamen denn auch, wie gesagt, nur noch wenige Duelle fortan vor. — Die Blüthezeit des Duells in England war das vorige Jahrhundert, also gerade dasjenige, welches vorzugsweise als das Jahrhundert der Aufklärung bezeichnet wird; man schoß sich damals so oft, wie man jetzt Cricket spielt. Staatsmänner und Parlamentsredner stellten sich gelegentlich auf die Mensur. Fox schlug sich mit William Adam, dem Präsidenten des obersten Gerichtshofs in Schottland, doch schoß er nicht, weil er, wie er nachdrücklich betheuerte, mit seinem Gegner gar keinen Streit gehabt. Als er dann an die Reihe kam, selbst als Scheibe zu dienen, rief ihm sein Secundant Fitzgerald zu: „Fox, Sie müssen eine Seitenstellung annehmen." „„Wozu?"" fragte der tapfere Redner; „„ich bin von der Seite ebenso dick, wie von vorn."" Die Folge war, daß er getroffen wurde ... Pitt wurde als Premierminister wegen beleidigender Ausdrücke, die von ihm im Parlamente gefallen waren, von George Tierney, dem heftigsten Wortführer der Opposition, gefordert und schlug sich auf der Putney-Haide ... Sir Francis Burdett und Paul trafen sich bei Wimbledon und stellten ihre „verwundete Ehre" wieder her, indem sie sich in's Bein schossen ... Zwei Jahre später verschaffte sich George Canning, der „glänzende", vom Lord Castlereagh auf ähnliche Weise Genugthuung ... Endlich duellirte sich auch Sir Isaac Corry, Kanzler der irländischen Schatzkammer, mit Henry Grattan.

Nicht so ungefährlich wie die Conflicte der genannten Staats-männer wurde ein Streit zwischen O'Connell und d'Esterre zum Austrag gebracht. Der große Agitator hatte eine gewisse öffent-

liche Körperschaft mit gewohnter Derbheit als „die bettelhafte Cor=
poration von Dublin" bezeichnet. D'Esterre war ein Mitglied
derselben und forderte die übliche Genugthuung. Sie trafen sich in
Bishop's Court, einer Besitzung des Lords Ponsonby. Se. Herr=
lichkeit hatte den Duellanten seinen Park zur Verfügung gestellt,
wie man es heute bei einem Feste zu einem wohlthätigen Zwecke
thut. D'Esterre feuerte zuerst und fehlte, D'Connell durchschoß
seinem Gegner beide Schenkel. Längs der ganzen Straße herrschte
ein allgemeiner Jubel, als man den Agitator unverletzt zurückkehren
sah. D'Esterre starb am Abend des dritten Tages. Dieser Aus=
gang war seiner Partei unbegreiflich, denn er war ein sicherer
Schütze und konnte seinen stämmigen Gegner eigentlich gar nicht
fehlen. Dieser wurde von dem Schicksale seines Feindes tief gerührt.
Er ging mit seinem Secundanten in die Kirche und leistete einen
feierlichen Schwur, niemals wieder eine Herausforderung anzu=
nehmen. Der Wittwe des unglücklichen d'Esterre bot er eine
Pension, welche so viel betrug, als ihr Mann verdient hatte, da
jedoch die Körperschaft, zu der der Verstorbene gehört hatte, der
Wittwe dieselbe Summe jährlich aussetzte, so ward D'Connell's
Anerbieten zurückgewiesen. Später übernahm Morgan D'Con=
nell die Zweikämpfe, welche die zügellose Zunge seines Vaters
hervorrief, und bekam sehr viel zu thun. Unter anderm schlug er
sich mit Lord Alvanley und wurde am Tage darauf, von dem
nachmaligen Premierminister Disraeli gefordert. — Der Herzog
v. Wellington hatte hinsichtlich des Duells ganz und gar die her=
gebrachten Ansichten seines Standes und Berufs, war auch zu jeder
Zeit bereit, nach diesen Ansichten selbst zu handeln. 1829 forderte
er Graf Winchelsea auf, „ihm für sein Benehmen die Genug=
thuung zu geben, die ein Gentleman zu verlangen das Recht habe,
und die ein Gentleman niemals verweigere." Der Grund des
Zwistes war ein politischer und stand mit der Emancipation der
Katholiken in Verbindung. Die Gegner trafen sich auf den Feldern

von Battersea, wurden aber durch gewöhnliche Leute sehr belästigt. Wohl zwanzig Gärtner und Tagelöhner hatten sich versammelt, welche die Gesetze des vornehmen Duells nicht kannten und die Duellanten wiederholt beschworen, die Sache mit den Fäusten auszumachen. — Unseren Zeiten näher treffen wir Sir Robert Peel, der Dr. Lusington und Joseph Hume forderte, weiter Roebuck mit dem Beinamen „der Zerreißer", den er sich selbst beigelegt und auch zu verdienen suchte, als er Herrn Black und Lord Powerscourt auf ein Gericht Kugeln einlud . . . Noch 1840 erschoß Lord Cardigan den Rittmeister Tuckett auf dem Anger von Wimbledon . . . Ein gewisser Saton soll der letzte Engländer gewesen sein, der auf englischem Boden von einem Landsmanne erschossen worden. Der Engländer Dillon, dem vor etwa sieben Jahren eine Kugel des Herzogs v. Grammont-Caderousse den Tod brachte, fiel im Gehölz von Boulogne. Sollten aber wirklich noch zwischen englischen Officieren in England selbst Duelle vorkommen, wie man bisweilen allerdings hie und da wissen will, so müssen sie sehr heimlich stattfinden und unblutig ausfallen, da man von keinen Opfern des Duells hört.

Selbst in Rußland erließ schon ein Peter I. (!) eine Verordnung, welche Jeden mit dem Galgen bedrohte, der einen Andern herausfordere, gleichviel ob das Zusammentreffen stattfinde oder nicht. Ein Fürst Dolgoruki und General Saß fanden freilich nichtsdestoweniger ein Mittel, dem Verbote zuwiderzuhandeln. „Wir dürfen uns nicht schlagen, Fürst," sagte der General, „aber wir wollen uns auf jene Brüstung stellen, gegen die der Feind sein Feuer richtet, und dort so lange stehen bleiben, bis einer von uns getroffen wird." Der Gegner ging darauf ein und Beide begaben sich an die bezeichnete Stelle. Dort standen sie im Angesichte ihrer und der schwedischen Armee aufrecht da, mit einer Hand auf der Hüfte, und blickten sich wüthend an (was ein sehr tragikomisches Schauspiel

gewährt haben muß), bis schließlich der Fürst von einer Kanonen-
kugel in zwei Stücke zerrissen wurde ...

Sobald das Vorurtheil wenigstens bekennt, ein Vorurtheil zu
sein, ist die Macht des Urtheils schon auf dem Wege, in der Auf-
dämmerung. Wie die Sachen nicht blos in Frankreich, sondern
leider auch bei uns freilich noch liegen, da ist noch jeder Eiferer
gegen das Duell im Allgemeinen — das weiß ich recht wohl — ein
Prediger in der Wüste, sind die bündigsten Beweisführungen dagegen
noch Schläge in's Wasser. Die klarsten Auseinandersetzungen rufen
wohl vielleicht für den Augenblick eine allgemeine Zustimmung hervor, fallen aber in jedem einzelnen Falle, wo nur Affect und Leiden-
schaft thätig sind, federleicht in die Wagschale. Oder man mißbilligt
das Duell im Principe und schlägt sich doch, um nicht als „feig" zu
erscheinen, um eine Probe persönlichen Muthes abzulegen. So
hatte der oben (S. 31) genannte General Perrone di San
Martino auch eine Broschüre gegen das Duell geschrieben, drohte
jedoch, eifersüchtig auf seine Ehre wie er war, in der Vorrede —
risum teneatis! — alle Diejenigen zu fordern, welche etwa glauben sollten, das Schriftchen könnte im Bewußtsein eigener Muth-
losigkeit geschrieben sein! (S. die Augsb. „Allg. Ztg." v. 13. Juni
1864, Nr. 165, S. 2679.)

Hierzu ist beiläufig nur zu bemerken, daß der „Muth" nicht
selten blos in der stupiden Furcht vor der vermeintlichen Verachtung
besteht, die den ein Duell Verweigernden trifft; diese erscheint als
das größere Uebel, und um ihr zu entgehen, stellt sich auch der
Feigste auf die Mensur. Oft genug wird es im Leben beobachtet,
daß sich der Raufbold schwächere Gegner aussucht und, wenn er
unvermuthet einem ihm überlegenen Feinde begegnet, sich schlecht
schlägt.

Eine der interessantesten Geschichten von feigen Raufbolden ist
folgende:

Der Schiffscapitän Stewart und ein als Händelsucher und

ausgezeichneter Pistolenschütze bekannter Kreole, Namens d'Egville, nahmen an einem Mittagsessen Theil. Man war heiter, wie man in alten Zeiten in Kingston auf Jamaica zu sein pflegte, geräuschvoll und etwas wild. Der Schiffscapitän wurde aufgefordert, ein gälisches Lied zu singen, entschuldigte sich aber damit, daß er keines kenne. D'Egville ließ dagegen mit unverschämter Zudringlichkeit nicht ab, die Forderung zu wiederholen. Zuletzt sang Stewart, der mit der griechischen Literatur innigst vertraut war, eine Ode von Anakreon, welche er „Das Mädchen aus den schottischen Bergen" nannte. D'Egville spendete diesem angeblich gälischen Liede seinen wärmsten Beifall. Als die Wahrheit herauskam, wollte der Kreole die Rache nehmen, die er sich oft ohne Gefahr verschafft hatte, und schickte dem Schiffscapitän eine Herausforderung. Dieser hatte bereits früher einen Andern im Duell getödtet und daher den Entschluß gefaßt, sich nie wieder zu schlagen. Er lehnte also d'Egville's Herausforderung ab, allein dieser schlug ihn auf öffentlicher Straße mit der Peitsche und Stewart beschloß nun, die Welt von diesem gefährlichen Schurken zu befreien. Er ließ ihm sagen, daß er ihn hinter dem Iguana-Felsen erwarte. Von zwei seiner Matrosen begleitet erschien er zuerst auf dem Platze und befahl seinen Leuten, ein Grab zu graben, welches tief genug sei, um zwei Leichen aufzunehmen. Als d'Egville erschien, erklärte Stewart, wie er sich schlagen wolle. Sie sollten sich Beide in das Grab stellen, mit der Pistole in der einen und dem Zipfel eines Taschentuches in der andern Hand. Alle Vorstellungen brachten ihn von diesem Plane nicht ab. Trotz seiner Anstrengungen, kaltblütig zu erscheinen, verrieth der Kreole augenscheinliche Zeichen von Unruhe. Die Secundanten loosten, wer das Commandowort, wer das verhängnißvolle Todessignal aussprechen solle, und die Gegner stiegen darauf in das Grab hinein. Das Taschentuch wurde ihnen in die Hände gegeben, und fest hielt es der Schotte, zitternd der Kreole. Eben sollte das Wort „Feuer!" ausgesprochen werden, als der Raufbold Pistole und

Taschentuch aus den Händen fallen ließ und vor seinem Gegner niederstürzte, als wäre er schon todtgeschossen. Da versetzte ihm Stewart einen Fußtritt und rief: „Feiger Kehlabschneider, Du bist ein zu verächtlicher Gegenstand, um meinen Zorn zu erregen." Allerdings war die Lage für d'Egville eine gewaltig aufregende, aber als Mann von Fach hätte er nicht weniger Entschlossenheit zeigen müssen, als der Dilettant, der ihm gegenüberstand.

Beim Duell auf Stoß und Hieb giebt es eine Methode ver-steckten Ausweisens (Zurückweichens), die durch schnelles Voltigiren in Ausführung gebracht wird. So ward dem Verfasser während seiner Universitätszeit von einem Göttinger Studenten erzählt, der dieses Ausreißen mit solcher Virtuosität ausgeübt, daß seine eigenen Freunde von ihm sagten, er habe bei seinen Duellen den Weg von Göttingen bis Lüneburg hin und zurück gemacht. Ebenso kann man von Officieren hören, daß die Raufbolde eines Regiments vor dem Feinde sich am schlechtesten bewähren. Doch dies, wie gesagt, nur nebenbei.

Ich komme wieder darauf zurück, daß ich recht gut weiß, wie das eingerostete Vorurtheil, sogenannte Ehrenhändel nur durch einen Zweikampf zum Austrag bringen zu können, bei uns noch immer viel stärker ist, als bessere Einsicht. Es kann daher auch nichts Anderes vorläufig angestrebt werden, als das, daß die öffent-liche Meinung unabläffig und immer energischer ihre mächtige Stimme erhebe, um die Ergreifung energischer Maß-regeln zur Bekämpfung des besagten Vorurtheils zu verlangen, denn die Ansicht des italienischen Deputirten Macchi (S. 32) ist irrig, da Gesetze und Sitten in Wechselwirkung stehen, wenn auch nicht zu leugnen ist, was schon Tacitus gesagt hat: Plus valent boni mores, quam bonae leges, und die Gesetze vielfach leider nur dazu sind, um übertreten zu werden. Aber eine strenge, consequente Durchführung guter Gesetze schafft erst großentheils auch gute Sitten.

Für die hauptsächlichsten Maßregeln für unseren Zweck halte ich einestheils die Aufhebung der eigenen Gerichtsbarkeit beim Militär und auf den Universitäten.

Wenn unter Militärs und Studenten die barbarische Unsitte des Duells zumeist noch in ihrer Blüthe steht, so hat ganz zweifelloses jene exceptionelle Jurisdiction, die beim Militär mit dem von Schopenhauer angeführten Umstande zusammenhängt (s. S. 10), einen großen Antheil daran. Derartige gesonderte Rechtsstellungen verleiten die betreffenden nur zu leicht, sich auch gesonderte Rechts- und Ehrenanschauungen zu bilden oder erschweren es ihnen, die eingebildeten los zu werden. Darin liegt der Fluch der Ausnahmen in der öffentlichen Rechtspflege, daß sie fortzeugend Ausnahmen gebären. Der Militär darf durch keine aparte Gerichtsbarkeit in die Vorspiegelung eingelullt werden, etwas anderes als ein Bürger in Waffen zu sein, — wohin auch in anderer Beziehung eine solche Anmaßung führt, dafür hat leider die neueste Zeit so manche traurige Belege geliefert: man denke nur an den Bürgermord in Berlin durch den Lieutenant Schede! — Ebensowenig darf sich der Studirende für etwas anderes halten, als für einen Sohn des Vaterlandes, dem er mehr als jeder Andere schuldet, weil er mehr die Wohlthaten des Unterrichts in dessen wissenschaftlichen Instituten genießt. Dann werden auch die Militärs wie die Studenten sich leichter des Wahns und des Dünkels entschlagen, als ob ihre Ehre eine andere und ihr Schutz der Ehre ein anderer sei.

In Heidelberg ist die einfache Unterstellung der Studenten unter die allgemeinen Gesetze des Staates bereits durchgeführt. Auch die sächsische Regierung hat schon ein neues „Gesetz für die Studirenden der Universität Leipzig“ entworfen; nach demselben soll zwar dem Universitätsgerichte nur die Eigenschaft einer selbstverständlich nothwendigen akademischen Disciplinarbehörde bleiben, gerade jedoch in zwei Hauptpunkten eine Reminiscenz an die entschwundene Macht verstattet werden: in der Beibehaltung des aka-

demischen Carcers als Arrestlocal zur Verbüßung der von den
Polizeibehörden gegen Studirende erkannten Gefängnißstrafen und
sodann — was uns hier besonders angeht — bei der Untersuchung
und Bestrafung des specifisch studentischen Duells d. h. auf Hieb
mit Schlägern bei Anwendung der gewöhnlichen Schutzwaffen,.
Wenn es nun bezüglich dieser Belassung des studentischen Duells
unter dem akademischen Forum in den besonderen Motiven zu jenem
Gesetzentwurf — die allgemeinen Motiven schweigen darüber sonder-
barer Weise — u. a. heißt: „Daß diese Art der Duelle aber, das
gewöhnliche Studentenduell, als Disciplinarvergehen aufgefaßt wird,
rechtfertigt sich schon dadurch, daß die allgemeinen Strafgesetze Duelle
dieser leichten Art gar nicht voraussetzen, mithin deren Anwendung
darauf eine unverhältnißmäßig schwere Ahndung enthalten würde,"
so ist dazu zu bemerken, daß es sich überhaupt nur erst in zweiter
Linie um die Behandlung des studentischen Duells vor den Criminal-
gerichten handeln kann. Die letzteren werden allerdings eine einfache
„Paukerei" ebensowenig unter die ernsten Bestimmungen der Strafgesetze über den Zweikampf zu subsumiren vermögen, als einen
nächtlichen Studentencrawall etwa unter den Begriff des Aufruhrs.
Vielmehr handelt es sich vor Allem um das Fortbestehen der bis-
herigen Duldung einer m i n d e ste n s zeitraubenden und das einem
ernsten Duelle zu Grunde liegende Vorurtheil fördernden Spielerei,
als welche das akademische Duell vielfach selbst von studentischen
Kreisen rückhaltlos bezeichnet wird.

Rühmend sei hier der über alle Universitäten und Akademieen
der freien S ch w e i z verbreiteten Studentenverbindung der „Zofin-
ger" gedacht, die sich in einer im August 1865 zu Genf abgehaltenen
Generalversammlung gegen das Duell aussprach. Nur war es lä-
cherlich, daß dabei Einige blos deshalb dagegen eiferten, weil es eine
„germanische" Sitte und daher unnational in der Schweiz sei! (Für
uns zugleich ein hübsches Compliment.) Ebenso haben um dieselbe
Zeit alle Vereine der Schüler des eidgenössischen Polytechnicums,

welche in ihren Statuten das Duell grundsätzlich als Satisfaction für zugefügte Beleidigungen vorschreiben, entweder sich aufgelöst oder die bezüglichen Bestimmungen aus ihren Statuten gestrichen. Zwar ward gleichzeitig von Berlin aus die Aufforderung zur Abschaffung des Duells an den deutschen Hochschulen, welche bereits bei den zu Pfingsten 1865 in Eisenach versammelten Vertretern deutscher Burschenschaften in Anregung gekommen war, auch nach Jena gerichtet, wo gerade das 50jährige Jubiläum der deutschen Burschenschaft gefeiert wurde, es kam jedoch nicht zu der so wünschenswerthen Reform, weil die burschenschaftlichen Verbindungen der verschiedenen Universitäten über die Frage noch in Zwiespalt sind. Früher einmal glaubten die Burschenschaften die Duelle dadurch wenigstens seltener zu machen, indem sie dieselben gefährlicher machten. Unter den speciell gegen den Zweikampf unter den Studenten erschienenen Schriften ist außer der bereits auf S. 8 angeführten besonders noch die folgende zu nennen: „Wie Duelle auf unseren Universitäten leicht abgeschafft werden könnten 2c. Von Dr. H. Stephani. Leipz., 1828."

Anderntheils nun erscheint als sehr wesentlich in der Sache auch eine betreffende Aenderung der allgemeinen Straf= und Civilgesetzgebung.

Jene, die Strafgesetzgebung, fehlt entschieden, indem sie unter Aufstellung höchst lahmer Gründe ein eigenes Verbrechen des Zweikampfes geschaffen und aufrecht erhält, wo doch entschieden lediglich die juristischen Elemente allbekannter gemeiner Verbrechen und sonstiger Delicte, als Mord (vollbrachter oder versuchter bei jedem Duell mit Schußwaffen), öffentliche Gewaltthätigkeit, Schlägerei (mit schwerer oder leichter körperlicher Verletzung) und dergleichen vorhanden sind, vor deren Anwendung jene epigonischen Landfriedensbrecher kein Privilegium beanspruchen dürfen. Fiele auch dadurch mancher Duellant in einen geringeren Strafsatz, so hätte man doch die Hauptsache gewonnen: das Kind wäre bei seinem rechten Namen genannt.

Das Civilrecht aber müßte einen Jeden, der sich an einem Duelle als Forderer, Geforderter, Secundant*), Zeuge, „Unparteiischer", oder wie sonst immer fördernd betheiligt, als einen Blöd- und Schwachsinnigen ansehen, der demgemäß unter Curatel zu stellen sei. Die kalte Douche einer solchen civilrechtlichen Folge würde sicherlich gar manches aufbrausende Gemüth noch bei Zeiten zur Besonnenheit zurückbringen.

Endlich giebt es auch meines Erachtens Niemanden, der die Grundlagen des modernen Staatslebens so völlig mißkennt und mißachtet, als ein Duellant. „Blut ist ein ganz besondrer Saft," und soll und muß es ein Mann vergießen, dann hat ein hochheiliges Anrecht darauf nur einzig und allein das Vaterland, auf dessen Altar Gut und Blut zu opfern die höchste Ehre und Pflicht gebieten. „Jede Kraft dem Vaterlande!" Wie sehr wird dieses schöne und wahre Dichterwort durch die Barbarei jenes kaltblütigen Schlächterthums — Duell geheißen — zur Ironie! Es ist daher auch noch dem von einem „Culturbefleckten" gemachten Vorschlage beizustimmen, einen Jeden, der so handgreiflich an den Tag legt, daß ihm die Grundbegriffe des staatlichen Gemeinwesens, des constitutionellen Staatsbürgerthums abgehen, daß er dem Gemeinwohle gegenüber seine persönlichen Rücksichten, seine selbstische Autorität geltend macht, der activen nur passiven Wahlrechte, deren Ausübung durch die

---

*) In alten Zeiten war es sogar ganz gewöhnlich, daß sich auch die Secundanten schlugen, so daß jedes Duell ein Kampf zu Vieren war. Dadurch erklärt sich die folgende Anekdote: Ein Edelmann, der eine Herausforderung erhalten hatte, bat einen Freund, sein Secundant zu sein. „Mein Theuerster," antwortete jedoch der letztere, „ich habe in voriger Nacht fünfzehnhundert Guineen gewonnen und würde heute daher beim Kampfe eine traurige Rolle spielen. Wenn Ihr aber zu dem Herrn gehen wollt, dem ich das Geld abgewonnen habe, und der nicht einen rothen Heller mehr besitzt, so zweifle ich nicht, daß er sich wie eine wilde Katze schlagen wird."

Curatelsverhängung blos suspendirt wurde, für ganz verlustig zu erklären.

Durch solche energische Maßregeln gelänge es sonder Zweifel, der Sonne der Freiheit, der Wahrheit und des Rechts auch in dieser Beziehung zum endlichen und baldigen Siege über die zwingende Macht des Vorurtheils und Irrthums zu verhelfen!

Ja, finster ist's auf Erden noch all' und überall
In Hütten und Palästen, auf Bergen und im Thal,
So lange noch die Presse die schweren Ketten trägt,
So lang' ein andrer Glaube die Zwietracht noch erregt,
So lange noch die Unschuld aus dumpfer Kerkerluft,
Von Haus und Volk geschieden, nach der Erlösung ruft,
So lang' auf dem Schaffotte noch fließet Menschenblut,
Vor einem todten Bildniß man noch Abbitte thut,
So lange noch die Kugel durchbohrt des Gegners Brust,
Und sich noch Völker schlachten mit Kannibalenlust.
Steig', Morgenroth der Freiheit, empor in voller Gluth!
Weck' auf, was schläft! entzünde Thatkraft und Heldenmuth!
Du klares Licht der Wahrheit, siegprangend tritt hervor!
Illuminir' die Geister! Zerreiß des Irrthums Flor!
Du Flammenstrahl des Rechtes, wenn Ungewitter dräut,
Schlag' durch! treib auseinander all' Ungerechtigkeit!
So glühe, glänz' und flamme, du hocherhab'ne Drei!
Auf daß die ganze Erde ein Sonnentempel sei!

Druck von Breitkopf und Härtel in Leipzig.

LEIPZIG: VERLAG VON LUDWIG DENICKE.

MONITEUR DES DATES.

Biographisch-genealogisch-historisches Welt-Register

enthaltend

die Personal-Akten der Menschheit

d. h. den Heimaths- und Geburts-Schein, den Heiraths-Akt und Todestag

von

mehr als 100,000 geschichtlichen Persönlichkeiten

aller Zeiten und Nationen

von Erschaffung der Welt bis auf den heutigen Tag

mit zahlreichen Noten aus allen Zweigen der Curiosität

von

Eduard Maria Oettinger,

Verfasser der „Archives historiques", der „Bibliographie biographique universelle" etc.

Muera el hombre, viva el nombre.
Calderon.

6 Bände,

gr. 4. dreispaltig gedruckt.

Preis 35 Thaler.

Prospectus.

Dieses wegen seiner Reichhaltigkeit mit Recht Aufsehen erregende und in seiner eminenten Nützlichkeit als Nachschlagewerk von den ersten Autoritäten der Gelehrtenwelt rühmlichst anerkannte Werk, die Frucht einer 25jährigen mühevollen und opferfreudigen Thätigkeit Eines Mannes, ist nicht nur in der deutschen, sondern in der Literatur aller Nationen ein *Unicum!* „Keine Literatur" — sagt die Neue Preuss. (Kreuz-) Zeitung v. 11. Nov. 1866 — „hat auch nur etwas Aehnliches aufzuweisen!"

Denn Diejenigen, welche bisher theils für sich bestehende Sammlungen von Biographien versucht, theils Universal-Encyklopädien herausgegeben haben, richteten ihr Augenmerk blos auf die bedeutendsten Repräsentanten der Wissenschaft, Kunst, Industrie etc., aber selbst bei dieser, oft von sehr subjectivem Ermessen abhängenden Beschränkung musste man, sobald man gewissenhafte Auskunft suchte, sehr oft Genauigkeit vermissen (s. die Augsb. Allg. Zeitung v. 17. Mai 1868 No. 136, Beil.).

Indem sich dagegen Oettinger in diesem „*Moniteur des Dates*" — abgesehen von einem „wahren Californien" geschichtlicher Curiositäten und sonstiger höchst interessanter Notizen — auf die gedrängte Angabe der Vor- und Zunamen, der Tage und Jahre der Geburt, resp. des Todes, sowie des Geburts- und Sterbeortes, der Beschäftigung und Stellung bei den im Entwickelungsgange der Menschheit irgendwie bemerkenswerthen und in grössern oder kleinern Kreisen bekannt gewordenen Menschen (bei historisch und genealogisch wichtigen Personen mit Erwähnung der eventuellen Verehelichungen etc.) beschränkt hat, ist es ihm möglich gewesen, „zu einer relativen Vollständigkeit zu gelangen, „wie sie bis jetzt" — um mit den Worten des Historikers Prof. Dr. Helbig zu reden — „ohne Beispiel ist."

Kurz, der „*Moniteur des Dates*" bildet für sich allein ein Pantheon, in welchem wohl schwerlich ein Name, ein Datum von irgend welcher Bedeutung vermisst werden wird, ein wahres Adressbuch der Welt- und Culturgeschichte", welches die so überaus werthvolle „*Bibliographie biographique universelle*" (2. Aufl., Brüssel 1854) des nämlichen Autors noch bei Weitem übertrifft und in gewisser Beziehung zu einem Ganzen ergänzt, welches von Prof. Dr. Förstemann, Oberbibliothekar der k. öffentlichen Bibliothek zu Dresden, treffend als die „Personalakten der Menschheit" bezeichnet worden ist.

Schon das im Vorstehenden nur kurz Angedeutete wird Jedem genügen, um es vollkommen gerecht zu finden, wenn der Prof. Marbach, vom sächs. Cultusministerium mit einem Bericht über die hervorragendsten Erscheinungen der letzten zwanzig Jahre des sächsischen Büchermarktes für die letzte Pariser Weltausstellung beauftragt, den „*Moniteur des Dates*" ein bewundernswerthes Document deutschen Wissens, deutschen Fleisses und deutscher Ausdauer genannt hat.

Erfährt man nun noch, dass das ,,Riesenwerk'' u. a. auch einen ,,*Moniteur des Faits*'' enthält, d. h. ein nach den Namen der Städte u. s. w. alphabetisch geordnetes Verzeichniss aller geschichtlichen Thatsachen (Schlachten, Friedensschlüsse, Verträge, Congresse, Concilien u. s. w.), ferner eine gleichfalls alphabetisch geordnete Uebersicht aller Verfassungen mit Angabe ihrer Daten, endlich eine vollständige Concordanz des gregorianischen und des französisch-republikanischen Kalenders vom 1. *Vendémiaire* 1792 bis zum 10. *Nivôse* 1807, sowie als höchst zweckmässige Zugabe eine Tabelle zur Auffindung der Wochentage historischer Daten der christlichen Zeitrechnung von Anno 1 bis 2000, — so wird man wohl dem erfahrenen Hofrath Dr. Grässe beistimmen, wenn derselbe behauptet, dass der ,,*Moniteur des Dates*'' für alle und jede wissenschaftliche Kreise, namentlich aber für Autographen- und Porträtsammler, Historiker, Bibliothekare, Journalisten etc., kurz für Jeden, der sich mit irgend einem Zweige des menschlichen Wissens und der Geschichte desselben speciell beschäftigt, geradezu **unentbehrlich** ist.

Der ,,Moniteur des Dates'' ist durch alle Buchhandlungen zu beziehen.